JN326793

優れたリーダーは、なぜ「立ち止まる」のか

自分と周囲の潜在能力を引き出す法則

The Pause Principle

Step Back to Lead Forward

ケヴィン・キャッシュマン
Kevin Cashman
樋口武志 訳

英治出版

素早く処理をするマネジメントから
意義深さと革新をもたらすリーダーシップへ転換しようとする
すべてのリーダーに捧ぐ

THE PAUSE PRINCIPLE

by Kevin Cashman

Copyright © 2012 by Kevin Cashman

Japanese translation rights arranged
with Berrett-Koehler Publishers, San Francisco, California
through Tuttle-Mori Agency, Inc., Tokyo

力を効果的に用いて
価値を最大化する者こそ
賢いリーダーである

——荘子

優れたリーダーは、なぜ「立ち止まる」のか——目次

第1章　立ち止まるということ……11

第3章　他者を育む

第1章　立ち止まるということ

数年前、シカゴのマコーミック・プレイスで行われた本の見本市ブックエキスポ・アメリカでのこと。数千人のファンと数百人の著者が集まり、大規模なサイン会が行われていた。およそ三十分ごとに、ベルベットのカーテンの裏から著者が三十二人ずつ現れ、壇上でサインをする。ファンたちは長い列を作り辛抱強く順番を待っている。あまりかしこまった会は好みではなかったものの、私にとって大きな仕事でもあった。

カーテンの裏で他の著者たちと出番を待っているとき、ジョージ・ステファノプロスが隣にいることに気づいた。ABCニュースのワシントン支局長で、クリントン政権時代にはホワイトハウス広報部長と政策及び戦略計画担当大統領補佐官を務めた人物だ。ティーンエイジャーのような外見とは裏腹に、彼は出番を前に平然としていた――冷静沈着、地に足のついた彼は、目に見えて舞い上がっていた私とは好対照だった。登壇すると、彼の前には長蛇の列ができていた。列は延々と続き、角を曲がって視界の外までのびていた。

私の列に並んでいたのはわずか七人。すぐに私は、恥ずかしさと、不安と、裏切られたような気分にさいなまれた。そして、こう思った。

「私はここにいていいのか?」

そのとき、私は立ち止まった。一歩引いて、意識を集中し、自分と向き合った。

「この状況でできるベストな行動は何だろう?」

少しのあいだ内省する時間をとったことで、視界が開け、目的が明確になった。

「これは私のためのイベントじゃない。彼ら七人のためのものなんだ。喜んでじっくり彼らと向き合おう」

そう心に決めてからは、素晴らしい時間を過ごすことができた。じっくりと向き合い、七人それぞれのことを少しでも知ってから、サインをした。とてもいい経験だった。

しばらくして、顔を上げて列を見た。小さな奇跡が起きていた。私のサインを求めて行列ができていたのだ。

ジョージの方を見ると、彼の列は途絶えていた。どうやら彼の本が届かなかったらしい。彼は本の代わりに次々と自分の写真にサインをしていったものの、ファンとの会話の時間は充分にとらなかったようだ。結果、ジョージの写真と私のサイン本、どちらが欲しいか、という選択をする形になっていた。

ジョージも列の変化に気づき、「きっといい本なんですね」と言った。「ええ、一冊どうですか?」と私は答えた。大物のようなふりをして、サイン本を一冊手渡した。だが実際は、彼に申し訳なく思っていた。もし自分の本が届かなかったらいい気分はしないだろうし、サインを求める波が私に押し寄せたのも、明らかに彼の不運な状況によるものだった。

この一件だけでなく、クライアントがあえて立ち止まるという瞬間を、長年にわたり何度となく目にしてきて、わかったことがひとつある。**立ち止まることはパフォーマンスを**

強化する。

些細だが重要な瞬間を、私たちはどれほど見逃しているだろう。心と思考を解き放ち、他者とオープンに深く関わりを持ち、新しいものや違いを生み出す鍵となる瞬間を、私たちはたいてい忙しさにかまけてやり過ごしてしまう。私たちは忙しく仕事に追われすぎて、自分の内外に隠された価値創造の源泉に気づけずにいる。スマートフォンに縛られて、複雑なものを整理したり、奥に潜む目的意識に目を向ける充分な時間がとれないでいる。すぐに目的のものを得ようとする性急な現代では、どこにでも行けるが、どこにもたどり着かない。すさまじいスピードについていくのがやっとで、革新のために立ち止まる、ということがほとんどない。

先へ進むために立ち止まる——逆説的リーダーシップ

たいてい私たちは、人間の持つ最も単純かつ奥深い、革新的な能力に気づかないでいる。例えば睡眠。一見とても単純な行為だ。横になって睡眠をとる。目を覚ますと、エネルギーやバイタリティが回復し、頭のなかが整理されている。睡眠を表面的に捉えれば「大したことじゃない。休憩して、目を覚ます。それがどうした？」と感じるだろう。

しかし睡眠がどれほど奥深いものか、立ち止まって考えてみてほしい。疲れ切っていたり、場合によってはストレスが溜まった状態で、私たちは毎晩眠りにつく。体のどこかが筋肉痛の日もあるだろう。そして目を覚ますと、すっかり元気になっている。筋肉痛はなくなり、ストレスも消えていたりする。肉体的にも、精神的にも、そして感情的にもエネルギーが満ちる。


睡眠は、私たちに生まれつき備わった素晴らしい革新のための能力なのだ。しかしながら、仕事やストレスや刺激が増えすぎて、私たちはこの能力をうまく活かせていない。休息し、癒し、回復するという睡眠の能力を失ったら、私たちの生活がどれほど大変なものになるか想像してみてほしい。睡眠の持つ回復力を軽視しておろそかにしていると、負荷や疲労が極限に達し、燃え尽き症候群にかかったり、入院が必要な重い病気にかかったり、ときには死さえも招いたりする。フランス語ではこの状態を過労《サメナージュ》と呼ぶ。高いパフォーマンスを維持したいと願うならば、睡眠は無視できないものなのだ。

心と体に睡眠が必要であるように、リーダーシップとイノベーションには立ち止まることが必要である。

立ち止まることは、マネジメントをリーダーシップに変え、いまの状態を新しい現実に導く。より明確に、より勢いよく、より大きなインパクトを持って、先へ進むために一歩引く。立ち止まることには、私たち自身を、人間関係を、挑戦を、潜在能力を、組織を、ミッションを見直し、新たな視点をもたらすクリエイティブな力がある。立ち止まる力の減退は休息をとる能力の減退よりも見えにくいが、その影響は休息をとらないのと同じくらい致命的だ。立ち止まることは睡眠と同じように、革新のための自然なプロセスであり、高いパフォーマンスを維持したいと願うならば無視できないものなのだ。

ペースが速くつねに成果を求める現代では、立ち止まる力が失われつつある。多くの人は立ち止まる力を失うか、無視するか、完全に見捨てている。この力についてはあまり知られていない。

ある日、著名なCEOが私のオフィスにやってきて、椅子に座るなり、深いため息をついてこう言った。

「この気持ちをどう表現すればいいかわからない。周りのみんなは私が問題なくやっていると思っているでしょう。取締役会も満足していますし。でも自分では、精彩に欠けてきている気がするんです。正直に言うと、昔のような集中力も、情熱も、エネルギーも、忍耐力も持てなくなっている。なんでこんなに一生懸命働いてるんだと自問するときさえある。一体どうしたんでしょう？」

しばらく時間をともにしてみると、彼は気力を使いすぎて、自分自身や他者との関係性、そして目的意識を次第に見失っていったことがわかった。立ち止まり、じっくり考え、刷新することに労力を割いていなかったのだ。

キャリアの初期、彼はどんどんエネルギーを注ぐことで問題を解決していった。意志と知性と経験を存分に活かして乗り越えていった。しかし後年、急激に責任が重くなっていくにつれ、少しずつ周りとの関係がぎくしゃくするようになり、耳を傾け、サポートし、指導する生成的な喜びを少しずつ見失っていった。

やがて、自分の仕事に没頭し目標達成に躍起になるあまり、新しい考えや代替案を得るために一歩引くこともめったにしなくなった。休みもとらず、運動もしなくなって体重が九キロ増え、家では短気になり、心のなかでは「本当にこれでいいのか？」というむず痒い気分にさいなまれるようになった。立ち止まるという生まれ持った力を失ったまま、より強い意志と自制心で突き進もうとした結果、知らず知らずのうちに、人生に目的を与える直感力や回復力、そしてイノベーションを生み出す力がすり減っていった。

マネジャーは、物事の達成に向けやる気と自制心で突き進む。
リーダーは、新しい生き方と達成の方法を見つけるべく立ち止まる。

いまのグローバルリーダーには、かつてないほどスピードが求められている。つねにインターネットにつながっていて、二十四時間の世界時計に縛られている。グローバル危機と、人員削減や合併などの複合的なプレッシャーにたえずさらされ、そこから生じるストレスや期待を一身に受けている。個人としても職業としても、たえず何かが求められている。これが「新しい標準」だ。

「もっと速く、もっと強く」はそうした時代の答えになり得るだろうか？　高いパフォーマンスを維持するために、何か別の創造的な方法はないのだろうか？　いま私たちが必死に持ちこたえているこのペースを持続させるのではなく、別の考え方や選択ができるリーダーこそが、本当に価値があるとは言えないだろうか？

経験知から学ぶ

死の床にあった同僚と、貴重な時間を過ごした。残された時間がわずかだと悟り、私たちは人生について本音で会話を交わした。途中で、私は勇気を出して聞いてみた。

「ボブ、リーダーが忘れてはいけないことって何だろう？」

彼の答えは洞察に満ちていた。

「ペースを落とすことを忘れてはいけない。人とつながりを持ち、やりがいのあることをするんだ。ペースを上げすぎて、愛や奉仕こそが生きがいを与えてくれることを忘れてはいけない」

ペースを落とす？　やりがい？　愛？　奉仕？　ボブは死を前にして、人生の真の活力源をはっきりと掴んでいた。

上場企業の会長を務める七十四歳のデイビッドもまた、長年にわたるリーダー経験から得た知恵を教えてくれた。

「キャリアの初期は、やる気とエネルギーと野望を原動力にして成長を続けていった。そうして目標を達成していった。しかし、時が経つにつれ、自分というものを意識するようになり、人生が新たな教訓を教えてくれた――謙虚であること、他者を信頼すること、そしてそういう……自分なんかより……大切なものがあるという教訓をね。なぜか？　規模が大きくなり責任も複雑になり、人々への影響も大きくなると、一人では抱えきれなくなるんだ。こういう人生観に気づくのが早ければ早いほど、一番大事なものに寄り添って歩んだり、最適な貢献の方法を学ぶのも早くなる。人間に重きを置いた奉仕の精神を学ばなければ、私たちの行く道はこの先もっと険しいものになるだろう。私たちはいま、成功のために自分たちのエネルギーを、管理や、支配や、自己中心的なやる気に注いでいる。

やりがいのある奉仕に心を砕くんじゃなくてね。ときどき立ち止まるべきなんだ。内省して、自分のこと、同僚のこと、そしてミッションをよく知るんだ。仕事でそれを実践するのが早ければ早いほど、自分のリーダーシップも人生も、より生産的で実りあるものになるだろう」

不安定で複雑な世界を変える

数年間、米国陸軍大学校のリーダーシップ・プログラムで講演をさせてもらっていた。ありがたいことに、そこで私は多くのことを学ぶことができた。とりわけ、人格に特化したリーダーシップのあり方や、「ＶＵＣＡ」と呼ばれる世界の見方が持つ可能性を知った。十年以上にわたって未来研究を行い『早くそこに到達せよ』（未邦訳／*Get There Early*）と『未来を創るリーダー10のスキル』（伊藤裕一・田中良知訳、鹿野和彦監訳、日本能率協会マネジメントセンター、二〇一三年）を書いた米国陸軍大学校のボブ・ヨハンセンは、スピードと行動が求められ、たえず変化し要求の多い現代社会を、「不安定（Volatile）、不確実（Unpredictable）で複雑（Complex）、曖昧（Ambiguous）なＶＵＣＡな世界」（注／英名詞は訳者補足）と定義した。つねに忙しく動き回り、二十四時間不眠不休であらゆる方面から「次は次は」と追い立てられるカフェイン中毒のグローバルカルチャーは、リーダーの能力を強化するよりもむしろ削いでいく。私たちは、いまなお加速する厳しいペースについていくのに必死で、それを自分の仕事にはつきものだと言い聞かせているのが現実である。

だが逆説的に、この混沌とした状態に光をもたらすことがリーダーの役目なのである。ウォレン・ベニスは「リーダーは明確さと希望をもたらす」と説くが、このＶＵＣＡ的な世界の渦のなかで、それを実現するのは並大抵のことではない。

ヨハンセンは「ＶＵＣＡという言葉を、可能性に満ちた言葉に変えなければならない。ＶＵＣＡを、ビジョン（Vision）、理解（Understanding）、明瞭さ（Clarity）、敏捷さ（Agility）と再定義するべきだ」と主張している。私もそれに同意する。しかし、どうすればこの革新が可能になるだろう？　そこで必要なのが、立ち止まる力――先へ進むために一歩引く力だ。立ち止まることとは、複雑なもののなかから何が重要かを見つけ出すための、一見矛盾した、しかし革新的で実践的な力なのだ。

ノバルティスの元会長で医学博士のダニエル・バセラは、生命科学産業界の歴史のなかで指折りの革新的リーダーとして知られ、十五年にわたりＣＥＯとして同社を率い、いまや五八〇億ドルの売り上げを誇る業界大手に育て上げた。その彼が私にこう言った。

「立ち止まると、自分にも周りにも余裕が生まれます。物事に対する考えや感情を咀嚼《そしゃく》できるようになります。立ち止まることで、私たちの内外で起こっている事態の全体像を包括的に捉えられるようになり、理解が進みます」

多くのリーダーは、特に生産性が高くやり手であればあるほど、「パフォーマンスを向上させるために立ち止まる」という考え方にＤＮＡレベルで拒否反応を示す。三十年以上にわたり世界中のＣＥＯやシニアチーム、そしてシニアリーダーのコーチングをしてきたなかで、やり手のリーダーたちから次のような質問を聞かれて、何度答えに窮したかわからない。

「ケヴィン、どうすればもっと成果を出すために前進できるだろう?」

彼らは驚いて不快に思ったかもしれないが、たいてい私は一歩引くこと——立ち止まること——を勧めた。けれどもこの考え方は、普段の彼らの行動とは正反対なので、彼らは「これ以上立ち止まる必要はないんだ、もっと何かをする必要がある」と言うのだった。

なぜ、実践的で高い意識を持ち目標達成を志向するリーダーは、パフォーマンスを向上させ成長するために立ち止まるべきなのか？　端的に言えば、複雑さを解消し、パフォーマンスを次のレベルへ押し上げるために必要だからだ。もしいまのリーダーが、新しい考えを得たり速すぎる生活を乗り越えるために一歩引かなければ、経済的、個人的、集団的な衝突は避けられないだろう。サバイバルというマイナスに向かうか、イノベーションというプラスに向かうかは、立ち止まる力にかかっている。もちろん、パフォーマンスを高め、複雑な問題に対処し、イノベーションを起こすためにもっと何かをする必要はあるが、今日の世界では、**何かをするということの意味が、これまでとは違った角度から検討されなければならない。**

人生とリーダーシップの法則

「立ち止まる」という行為は、生き生きとした創造的なシステムにひとつの法則として組み込まれている。ペースを落とし一歩引くことが、秩序や価値を生み出し成長を促すことに一役買うのだ。

物理学で言えば、それは熱力学の第二法則である。**活動が減れば秩序が増す。**立ち止まる力は、経済にも、生理学にも、生態学にも、コミュニティにも、組織にも、国家にも存在している。それはマクロレベルでもミクロレベルでも、人生とリーダーシップの法則であり、成長や、イノベーションを促すものとして「立ち止まる力」は生まれつき備わっている。

「立ち止まる」とは、自分に対しても他者に対しても意識的に一歩引くプロセスのことである。それは、真正さや、目的意識や、献身性を伴って先へ進むことを可能にする。

この価値創造の力を駆使することで、より詳細な分析、より高次の論理展開、合理的な分析、より深く問いかけること、より深く耳を傾けること、人間性の向上、より広い視野の獲得が可能になり、さまざまな考え方や情報に対してよりオープンになる。そして結果的に、よりインパクトや影響力のあるイノベーティブな行動につながっていく。

立ち止まることは逆説的に、目的を持ったパフォーマンスを強化する。

『ファスト&スロー』(村井章子訳、早川書房、二〇一二年)の著者で、ノーベル経済学賞を受賞した心理学者ダニエル・カーネマンは、私たちの思考のシステムを二つに分類している。そのなかで彼は「ファスト思考(速い思考)」は、意見や、印象や、判断に絶対の自信を持った過信的なシステムであり、取り扱いに注意するよう警鐘を鳴らしている。この脳のシステムは、充分な考慮がないまますぐにアイデアを生み出す。複雑な状況や新しい状況のなかで高速に思考すると、私たちは知らず知らずのうちに、過去の経験や習慣に則ってしまい、選択肢を限定することになる。それは、将来を見据えた敏捷性がつねに求められる

ＶＵＣＡの世界では危険なことだ。カーネマンは言う。
「私たちはいつも、自らの盲目性に対して盲目です。たいてい、自らの意見や直感や判断に自信を持ちすぎている。世界は理解可能だと思い込みすぎている。（中略）心理学や行動経済学が明らかにしたのは、人間はそんなに注意深く考えていないということです」

立ち止まることとは、そうした状態を変える最良の実践モデルだ。セントトーマス大学の企業倫理文化センターのＣＥＯロン・ジェームズは次のように語っている。

私たちの文化はスピードと決断に基づいていて、つねに「オン」の状態だから立ち止まることが難しくなっています。立ち止まり、何が本当の問題か自分と対話をし、そこで見つけた答えをもとに決断をくだし、倫理と誠実さを伴った行動をとることが、まさに私たちに必要なことです。決断や行動を導く力を持つことが求められているのです。それは、自分にこう問いかけることから始まります。「私は何のために戦っているのだろう？　組織は何のために戦っているのだろう？」。経営陣はより時間がかかるかもしれませんが、立ち止まることは、より良い決断を可能にし、他者との関わりを生み、エネルギーを高め、率先してものごとに取り組む姿勢をもたらします。

リーダーは、複雑で曖昧な事態に直面したときこそ、立ち止まる必要がある。そして「事態を落ち着かせて」、複数の選択肢や複数の未来をより効果的に検討する必要がある。

ファスト思考はマネジメントの仕事であり、
スロー思考がリーダーの戦略的でイノベーティブな仕事である。

立ち止まるポイントを知る

VUCAな世界をビジョン（Vision）、理解（Understanding）、明瞭さ（Clarity）、敏捷さ（Agility）に変えようとするなら、実際的な訓練、つまり立ち止まるポイントを作ることで、意識とエネルギーを集中させ、成長や創造や問題解決やイノベーションにつなげることができる。立ち止まるポイントを知ることで、一貫性のある意識的な内省の方法を確立できる。その手段は以下の通りだ。

- 自己認識を築き、目的を明確にする。
- 新しいアイデアを探求する。

- 挑戦するリスクをとる。
- 問いかけ、耳を傾け、統合する。
- 内外の現状を疑う。

この本を読みながら、立ち止まるポイントを検討するために一歩引くことは、リーダーシップ開発の大きな基盤になる。これらのポイントは、意識的な立ち止まりの実践——新しい標準——を可能にし、革新的な力を活性化し、現実化して増大させる。

立ち止まることは、私たちの生活にさまざまな形で現れる。自他の成長や、自覚的な学習を通して、集中的に自己認識を深めるものもあれば、意識をそらして休息をとることで気持ちを切り替え、より溌剌と、よりクリエイティブになるものもある。私たちの内外の何に意識を注ぐべきか、選り分けるために立ち止まるということもある。

百人以上のリーダーたちへインタビューをしてきたが、ほとんど全員が言ったのは、一度にたくさんのことが押し寄せてくるため、何が重要で何が重要でないか立ち止まって判断する必要がある、ということだった。立ち止まるポイントは、意識的に行ったものであれ、自然に行ったものであれ、そうした判断の手助けになる。立ち止まるポイントは、バランスを取り戻し、地に足をつけ、集中するためのツールである。コミットメントや、ミッションや、人々に対する責任感を育てるきっかけとなる。生成力や、イノベーションや、奉仕の精神を、意識して文化に植え付けるきっかけとなる。VUCAの世界を変革する大きなきっかけであり、パフォーマンスを向上させるだけでなく、価値を生み出す力を持続させるきっかけでもある。本書で数多くの立ち止まるポイントを知り、立ち止まることを実践してもらいたい。

では、最初の立ち止まるポイントから見てみよう。

立ち止まるポイント①
パフォーマンスを発揮する姿を見いだす

最適な状態でパフォーマンスを発揮している自分の生活を思い描いてみよう。そのビジョンを仕事だけでなく、人生のあらゆる領域へ拡大してみよう。想像してほしい。しっかりとした目的を持ち価値を生み出している自分……深い関係性と愛でつながった大切な人たちや家族……真の自己認識……最高潮に達した自分の創造性とイノベーション……精神にも肉体にも、そして魂にもエネルギーが満ち、生きていることを実感している。それから、自分にこう問いかけてみよう。

- そこへ至るまでに、自分の内で、そして人生でどのような転換があっただろうか。
- こうした可能性をひらくために、どのような新しい選択をしただろうか。
- 自分や他者や仕事や健康について、新たな視点から考えるため、どのように一歩引いただろうか。
- より深い洞察と知見を得るために、どのようにして立ち止まり、自分に潜っていったただろうか。
- どのようにより深く耳を傾け、関わりを持ち、他者とつながっただろうか。
- 新しいものや違いを生み出すべく他者とより相乗的に協力するため、どのように立ち止まっただろうか。
- こうした効果的な立ち止まりは、先へ進み、新たな形でパフォーマンスを発揮することに、どのように役立っただろうか。

自分が一番共鳴した問いを深く掘り下げてみよう。焦らずに。ペースダウンする機会なんかさっさと忘れろという絶え間ない誘惑に抵抗しよう。複雑さの霧のなかで、明確な考えや洞察を得るために立ち止まろう。

雑音を減らして耳を傾ける

日々のランニング、集中的なコーチングに育成プログラム、瞑想の習慣、研究室で内省しながら歩き回ること、戦略的に計画された年に一度の静養――これらはすべて、成長を促し、認識を高め、ひらめきをもたらし、何が重要かを見極める、立ち止まりの一形態である。

立ち止まることは、創造力の源泉にさえなる。科学者たちは、脳のなかで創造力がどのように働いているかをほとんど知らない。しかし一つだけ確かなことがある。「散歩に出かけたり、シャワーを浴びたり、ドライブに行ったりして休憩をとり……ものごとを寝かせておくことは……アイデアが思いつくきっかけとなる」。

立ち止まることやペースを落とすことは、こうした「アハ！」体験、つまりその問題について考える代わりに、泳いだり、駅まで歩いたり、小川のそばでリラックスしているときにやって来る一瞬のひらめきをもたらす。モーツァルトも「私が、文字通り私自身であり、まったく独りで、気分良くしているとき――たとえば馬車に揺られていたりおいしい食事のあとで散歩していたり――まさにそんなときに、最も豊かで最善のアイデアがやって来る」と語っている。

『想像せよ――クリエイティビティはいかに働くか』（未邦訳／*Imagine: How Creativity Works*）の著者ジョナ・レーラーは、創造力《クリエイティビティ》と想像力《イマジネーション》には、規律ある集中的な努力と、自由で開放的な感覚の両方が必要であることを科学は示していると語っている。「クリエイティブな思考を生み出す普遍的な原理などない」。代わりに、さまざまなプロセスがある。「重大なひらめきは、情報を整理するときとはまったく違った脳の働きによってもたらされる」。レーラーは完全に煮詰まったとき「ひらめきについての研究を思い出す。ひらめきは、リラックスしているときのほうがはるかに舞い降りてきやすい。無意識のつぶやきに耳を傾けるほうがいい。机にじっと座るのではなく、私は長い散歩に出かける」。そして「クリエイティビティとは、浪費された時間の残りかすである」というアインシュタインの言葉を引用して言う。「私も時間の浪費はうまくなったと言えるかもしれない」。

意識的な努力が必要とされるクリエイティブな解決策もあるが、休息をとったり一歩引いたりする、つまりなんらかの形で立ち止まることで解決策がもたらされる場合もある。一見「時間の浪費」に見えるこの行為が、次のイノベーティブなアイデアを生み出すために必要不可欠なものとなる可能性がある。睡眠や仮眠さえも、ひらめきに効果があり、問題解決につながる。立ち止まることは私たちが生まれ持った性質であり、ひらめきやエネルギーや目的意識を統合することで、成長し、新しいアイデアを生み出し、先へ進むために必要な習慣なのだ。

現実と向き合い、火と戦う準備をする

とはいえ、立ち止まることや一歩引くことは、意識をそらしたりリラックスすることだけを意味するのではない。複雑さや危機に対処し、イノベーションを生み出すための最も実践的で効果的な立ち止まりとは、しっかりと、集中して探求すること——問いかけ、挑戦し、観察し、耳を傾け、評価すること——であり、規律ある内省と行動をたえず繰り返すことなのだ。

研究者のミシェル・バートンとキャスリーン・サトクリフは、日々身を危険にさらして荒々しい火と格闘しながら人命を救う消防士から、ビジネスリーダーは学ぶものがあると強く主張している。彼らの研究は、リーダーが立ち止まったときのほうがいい結果が出るということをはっきりと示している。もともとのプランに盲目的に従うのではなく、いまの作戦を疑い、リーダーが冷静になって、懸念を口にし、いまある情報を再検討し、ベストな行動を判断するよう隊員たちに促す。あえて中断を挟むことで、隊員たちは疑問を持

ち、話し合うようになり、外部からの意見に惑わされずにすむ。

『ＭＩＴスローン・マネジメント・レビュー』に掲載された「いつ冷静になるべきか」（未邦訳／"Learning When to Stop Momentum"）という記事で彼らは次のように語っている。

「行動に没頭しているときは、後に大きな問題に発展するかもしれない小さな問題に気がつかない傾向がある。そうした機能不全の状態を克服するには、作業が中断させられるか、意識的に中断を挟むかしかない。そうすることで私たちは、いまの状況はどうか？　以前と同じか？　違うとしたら、どう変わった？　変わったとして、どう対応するか？　と問うことができる」

そしてさらにこう続ける。

「ひとたび計画や行動に専念し始めると、私たちはそれに固執する傾向がある――つまり、軌道修正がベストだとしても、計画変更を拒む傾向があるのだ」

バートンとサトクリフは「分別のある態度」を育てることを推奨している。それは「状況に応じた謙遜」の実践であり、別の観点を得るために立ち止まることであり、問いかけることである。

「私たちの予想と実際の未来はどのように違っていくだろう？　ビジネスのある部分での

変化や問題が、ほかの部分にどのような予期せぬ事態をもたらすだろう？　この状況で見落としているのはどこだろう？　自分の知っていることを疑う健全な癖をつけよう、そして自分が何を知らないかを知ろう」

立ち止まったり中断を挟んだりすることで、チームのメンバーが現状を問い直し、はっきりと懸念を口にし、専門家の意見とされるものを疑う機会ができる。チームのメンバーが積極的に情報を――それが良いものでも悪いものでも――集め、さまざまな考え方に対してひらかれた状態になるよう仕向けることは、良きリーダーのあり方である。よく言われるように、それこそがマネジャーとリーダーを分けるものである。**マネジャーは、よく練られた慣習的なアプローチに固執するが、リーダーは、刻一刻と変わる状況に飛び込むための新しい方法を探し出す。**

ＶＵＣＡの世界で生き抜く敏捷性を育てるために立ち止まるリーダーは、新たな可能性をひらくことができる。

内なる叡智

リーダーは意識的に立ち止まらなければならない……ペースを落とさなければならない

……私たちの内にある「叡智」に至り、それを育てるために。サンタフェ研究所の経済学プログラムの創設者で所長のW・ブライアン・アーサーは、「叡智」をより深いレベルの認識だと表現している。複雑な状況に直面したとき、彼は「観察して、観察して、観察してから撤退する。待って、待って、経験が適切なものを導き出すのを待つ。ある意味で、そこには意思決定などない。何をすべきかは、じき明らかになるのだから」。この内なる叡智は私たちの内側にあるゆえに、自らに対するより深い認識と理解が不可欠となる。

よき友人で同僚のリチャード・ライダーは『目的が持つ力』（未邦訳／*The Power of Purpose*）という本を書いた。彼は、どうしたら目的や、真の自分や、やりがいを見失わずに人生を過ごせるかを研究し、それをライフワークとしている。本のなかで彼は、深く立ち止まることを「目的のための時間」と呼んでいる。彼は「立ち止まること」の熱心な実践家で、周りの人を大小の立ち止まりに導いている。

彼は年に一度「リズムを取り戻す」ためにタンザニアへ旅行へ出かけるが、これは大きな立ち止まりだ――一ヶ月間サファリを歩き回り、携帯もインターネットもEメールもない「オフ」の状態になる。自然、地球、静けさ、そして孤独とのつながりを回復する経験である。それは地球に生きる人間としてのもう一つの生き方であり、私たちの本当の幸せを取り戻す経験でもある。

VUCAな世界の要求から離れて、自分自身とのつながりを回復するために立ち止まる。一歩引くことが容易いシンプルな別世界で「おしゃべりを止めるために」、周りに耳を傾けるために立ち止まる。そうすることで、自分の心とのつながりを取り戻し、何が一番大切でやりがいがあるか、内なる声によく耳を傾けることができる。そうしてようやく私たちは、他者に心から耳を傾け、広い心で貢献できるようになるのだ。

マネジメントからリーダーシップへ

エグゼクティブにとって、成長における最大のハードルのひとつは、効率を求めるマネジメントから卓越したリーダーシップへの進化だ。ある研究では、周りの人間との協力関係や高次の戦略的敏捷性を大きく成長させなければ、マネジャーのキャリアは頭打ちになることが示されている。その成長は、管理技術と専門知識の習熟から、真正さの獲得と目的意識の共有へと進化することでもある。この決定的な進化のためには、自己認識を確立し、チームの協力関係を育て、戦略的イノベーションを加速させるべく、意識的にじっくりと立ち止まる必要がある。立ち止まることは、自覚的に実践すれば、マネジメントからリーダーシップへの革新的な脱皮を可能にするプロセスなのだ。効率を求めるマネジャーから卓越したリーダーへの脱皮に向けて、この本で強調したいポイントは次の七つだ。

1　自己中心から自己認識と奉仕の精神へ
2　支配と統制から育成と解放へ
3　複雑で混乱した状態から明確で希望に満ちた状態へ
4　知識や助言による推論から傾聴と学習へ
5　英雄的で疑問を持たれないアイデアから協力的で積極的な関与へ
6　現状維持から、好奇心、探究心、統合的思考、イノベーションへ
7　正確性と効率性から目的意識と革新へ

立ち止まることの実践とは

ハーゲンダッツなど有名ブランド企業をいくつも率いてきたマイク・パクストンの活力の源は、日々のランニングと家族と過ごす時間だ。また、複雑な状況に直面したときは、全体像を書き出すことでしっかりと状況を把握するという。そうすることで、新たな戦略を打ち出す準備ができるそうだ。

ベレット・コーラー出版社の創業者で社長のスティーブ・ピエルサンティも、さまざまな方法で立ち止まることを実践している。全スタッフミーティングの始めに、彼は沈黙の時間を設ける。ミーティングのスケジュールや議題も、立ち止まり、会社のビジネスをあらゆる角度から検討できるよう意識的に設計している。彼もまた、自分の考えをまとめ、内省し、明確な決断を下す際の知見を得るために状況を紙に書き出すという。

ミネソタ大学の外科医デイヴィッド・ローゼンバーガーは、フェアビュー・ヘルス・サービスの臨床医たちと提携して、すべての外科手術に立ち止まることを導入している。「ブリーフィング」とは、チーム全員がなぜその場にいるのか、何の手術なのか、共通の目標は何かを確認する手術前のわずかな時間のことを指す。「ブリーフィング」は、それぞれの役割に価値を与えるだけでなく、チームとしての団結力も高める。さらに、英雄的なメンタリティを協力的なものに切り替えることで、良い結果が出る確率を高めるのに役立っている。

コーチズ・トレーニング・インスティテュートの共同創立者でCEOのキャレン・キムジーハウスは、内省し、創造し、ビジョンや目的意識や方向性を見定めるための方法論を確立している。彼女は「立ち止まり、自分を見つめ、内省する」ために一歩引き、時には十一日間もの休息をとる。そして彼女は、広がった視野と新しい方向性へのアイデアを持って戻って来る。

ジョンソン・エンド・ジョンソン傘下のエチコン・バイオサージェリーのヴァイス・プレジデントを務めるロヒニシュ・フーダは、問いかけ、考え続けるために立ち止まることを実践している。彼はＢＩＧ（バイオサージェリー・アイデア・グル）を作り、バイオ外科手術のあらゆる分野で働く人々を集めて、立ち止まってアイデアをシェアし、さまざまな意見を取り入れる場を設けた。そして、この協力関係でイノベーションを加速させようと目論んでいる。

カーギルの人事副部長パブロ・ガイトは、彼が名付けた「五分間同期《シンクロ》」を会議の冒頭に実践している。会議の参加者は物理的に同じ部屋にいる場合も、世界各地からオンライン上で参加する場合もあるが、「五分間同期」によって全員が「そこにいる」と感じられるようになる。それは、集中とひらめきをもたらす沈黙の時間だ。パブロはまた、家族と過ごし、体を動かし、キャンバスに絵を描くことで活力の回復を図っている。

サンドのグローバルヘッドであるジェフ・ジョージは、意欲を高いレベルで保つために毎日瞑想を行っている。

彼らリーダーたちは、意識的に立ち止まることを実践しており、これからの指標になると言える。『ニューヨーク・タイムズ』に掲載された職場環境改善についての記事で、デイビッド・アレンは、私たちを圧倒する「めまいがするほどの（技術的な）選択肢の数」に対抗するためには、観念的にも実際的にも、もっと余裕のある空間が必要だと主張している。選択肢の多さは必ずしも私たちの生産性を向上させるものではないと彼は言う。実際、選択肢の多さは私たちをマヒさせる。対抗手段はあるにはあるが、「普通の場所からは対抗するアイデアは出てこない。この新しい仕事の世界で成功を収めるには、私たちを襲って来るすべてのものをしっかりと掴み、明確にし、体系化するような構造を確立させなければいけない。そして考えるための、内省するための、決断するための時間と空間を確保しなければいけない」。

長く立ち止まる

この本を書くという行為はまさに、立ち止まることから生まれたものだ。「立ち止まる」というアイデアは十年以上前から頭にあった。シニアエグゼクティブに、彼ら自身や、組織や、戦略や、イノベーションへのアプローチに関する新しいアイデアをもたらそうと、同僚たちと取り組んできた結果生まれた。私たちの会社は、エグゼクティブ・トゥ・リーダー・インスティテュートとチーフ・エグゼクティブ・インスティテュートというプログラムで立ち止まることの研究を続け、何千人もの「先へ進むために一歩引く」リーダーたちを観察してきた。私たちも、参加者も、三日間の個人的・組織的リーダーシップ育成を行うと、立ち止まることが持つ革新的効果を目にすることができる。立ち止まることが単なるコーチングのテクニックではなく、真の革新を支える、より深いレベルで受け継がれた人間の法則であることを知った。立ち止まることは、人生とリーダーシップという生地に編み込まれている。一歩引けば引くほど成長するという逆説的な因果関係を持った法則なのだ。

さいわい、本書の執筆には充分な時間をとることができ、熟成させ発展させることができた。何年にもわたり、立ち止まることをさまざまな形で実践し、効果を調べ、インタビューを行い、周りにも実践を勧め、初期の研究に取り組んだ。この長い「立ち止まりにつぐ立ち止まり」の期間を経て、次第に形になり実用的になっていった。そしてようやく四年後に「立ち止まり《ポーズ》の法則《プリンシプル》」という概念に思い至った私は、いつか本にする日が来るだろうと感じていた。さらに五年の研究と考察の時を経て、書く準備が整った。

私の場合、あまりに長くかつ深く立ち止まっていたので、執筆は信じられない速さで進んだ。立ち止まることが、その効果を発揮したのだ。十年にも及ぶ内省的な立ち止まりを動力にして書き始めてから十二ヶ月後、本は完成し出版された。十年間にわたる内省のための立ち止まりは、W・ブライアン・アーサーの言う、より深いレベルの認識である「叡智」が宿る余地を生んだ。立ち止まることでたどり着いたその地点から、執筆は流れるように進み一冊の本となった。

原稿の仕上げにかかったころ、妻のソラヤと私はダライ・ラマを訪ねて聖地を巡るべくインドへ旅に出ることにした。旅は楽しみだったが葛藤もあった。精神的なリフレッシュを望んではいたが、私はその数ヶ月間仕事で世界中を飛び回っており、これ以上時差ぼけで物理的に消耗することは避けたいとも思っていた。それに、インドでの体験は刺激的だろうことはわかっていながらも、書きたいことはたくさんあり、気が散ってしまうのではないかとも思っていた。デリーに着くなり、私たちは思いもかけず立ち止まることとなった。私も妻も病気の猛威に襲われ、隣りに並んで入院するはめになったのだ。ダライ・ラマの宮殿を訪ねるのは諦めざるを得なかった。気分は最悪だった。

「はるばるやって来てこんなことになるなんて。どうしてだ？」

人生は別のプランを用意していた。人生は私たちにペースを落とすこと――立ち止まることを求めていたのだ。驚くべきことに、その期間は私の人生でも有数のクリエイティブで生産的な執筆期間となった。体の力が抜けていた。行くべきところも、するべきこともなく、じっくり考え、書く時間はたっぷりあった。十年にわたり立ち止まったことで、重要なひらめきが、つながりが、そして本の内容が生み出されていった。

振り返ってみれば、インドに行った私たちはあまりにも疲れていて、あまりにも休息をとっていなかったため、一歩引いてバランスを取り戻せと人生が教えてくれたのだろう。結果、幸運にも書くための時間と余裕を手に入れることができた。これこそまさに、「先へ進むために一歩引く」の実践だった。

立ち止まることとは、生まれつき備わった生成的な力で、いつでもそこにあり、いつでも実践することができる。実際の生活に組み込んで意識的に実践するか、そうでなければ向こうから助けにやってくる。立ち止まろうかどうか何度悩んだか考えてみてほしい……本能は休息や別のアプローチが必要だと言っている……しかし、いつだって私たちは限界ギリギリまで我慢してしまう。

大胆に立ち止まる

サンパウロはブラジル最大の都市であり、都市圏人口世界八位のメトロポリスである。二一〇〇万人以上の人々が暮らすその地域は、大気汚染や人口過密といったさまざまな難題に取り組んでいる。視覚公害を減らして市民に余裕を与えるために、サンパウロのリーダーは一歩引いてこう問いかけた。街から屋外広告を取り除いたらどうなるだろう？この問いは、大胆な行動を伴った大胆な立ち止まりへとつながっていった。

二〇〇七年、市長は都市美化法を通過させ、看板、ビルの外側、バス、電車での広告を禁止した。街中にあふれていた視覚に訴える広告を取り除こうというその法案は、ある人にとっては受け入れがたく、またある人にとっては画期的なものだった。それは都市の景観を変革し、ストレスを減らし、視覚公害を減らそうという試みである。視覚的刺激がたえず住民や観光客の気を引き、都市独自の性格や景観を見えなくしている状況を改善しようというのだ。

広告の禁止は一時的なものだが、サンパウロが何を求め、どうすればより抑制のきいた広告のあり方が可能かを立ち止まって考えるきっかけになったと市長は言う。大胆に立ち止まったことで、市民が自覚的に街のあり方を考える余地が生まれた。これは示唆に富む解決策だ。現状を疑う大胆な問いが、大胆な解決策を生んだ一例だと言える。

立ち止まり、静かに考えることは、
リーダーのポテンシャルを最大化し未来を創る。

「立ち止まるべきか進むべきか」それが問題だ

リーダーは成長を助け、加速させる。収益の成長、マーケットシェアの成長、利益の成長、目的意識の成長、イノベーション力の成長、貢献度の成長。しかしここで考えなければならないのは、「これらの成長はどこからやって来るのか？　成長の原動力とは何だろうか？　どこから成長に火がついたのだろうか？」ということだ。たいてい、私たちは成長の結果だけを見て、自分自身や、周りの人々や、組織のなかにある成長の原動力を立ち止まって深く考えようとはしない。成長を測定することには長けている私たちだが、一歩引いてゆっくりと、その成長がどこから来ているか吟味しているだろうか？

人材育成についてCEOやシニアエグゼクティブに助言し、リーダー育成についてのリサーチを分析した経験から、個人においても組織においても、リーダーシップを最大化するには三つの重要な要素があるという結論に至った。その三つとは、「**自己を育む**」「**他者を育む**」「**イノベーションを育む**」である（下図）。絶え間ない変化のなかでも自分を点検し修正する

成長の領域

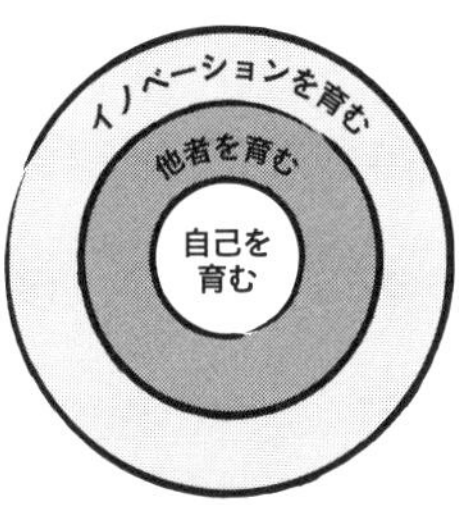

能力を持った人材を想像してほしい。いまの、そしてやがて来る戦略上のニーズに応えられるほどの情熱と能力を備えた人材を想像してほしい。あなたや彼らが、イノベーティブな文化を、活発な学びを、ＶＵＣＡな世界での回復力を得たとき、何が可能になるだろうか？　その答えは、いまの世界での競争に勝ち抜くために必要なものと限りなく近いのではないだろうか？　おそらくそうだろう。

「成長するか成長しないか」それがもう一つの問題だ！

成長とは、内側から外側へ、外側から内側への変革のプロセスであり、まずは自己の成長から始まり、やがて他者の成長へ、そしてイノベーション文化の成長へとつながる。ほとんどの変革は自己変革から始まり、ほとんどの成長は自己成長から始まる。「成長するか成長しないか」、それこそがもう一つの問題なのである。いくら他者が成長しようとも、イノベーションの文化が成長しようとも、自己の成長を埋め合わせることはできない。企業のリーダーにしてみれば、組織を成長させる能力と自己を成長させる能力は直結している。真正さと目的意識を持って他者を成長させる前にまず、自己の成長を真正さと目的意識という観点から検討する必要がある。そうすれば、他者の育成は効果的になり、他者からの信頼も得られるだろう。組織に求める人物像にまず自分がなろうとするとき、そこに他者の成長と、ひいては企業文化の成長を促すチャンスが生まれる。

問いかけの力——言葉を使って立ち止まる

すぐに行動を起こすのではなく一歩引いて立ち止まる、というのはリーダーにとって逆説的なことだが、自らを疑い問いかけることもまた、リーダーにとって逆説的なことである。自分の選択を疑うことは、判断に迷っているようにも見え、ある文化の基準では弱さだと解釈される可能性もあるだろう。エリック・ヴォクト、アニータ・ブラウン、デイビッド・アイザックスは著書『効果的な問いの技法』（未邦訳／*The Art of Powerful Questions*）のなかで次のように書いている。

クリエイティブな問いを発することが忌避される理由は、私たちの文化がすぐに解決策を出すことに重きを置き、白か黒か、二者択一の思考を好んでいるからである。さらに、ものすごいペースで進む生活と仕事のなかでは、重大な決断を下す前に触発的な問いやイノベーションの契機となる会話をじっくりと行う機会があまりない。

こうしたことに加え、詳細な分析や、迅速な決断や、断固たる行動こそが「本物の仕事」だという一般的な認識が相まって、深く問いを掘り下げ、重要な問題に対して広範囲の戦略的会話を交わすのが効果的な「知的作業」だという考え方と齟齬をきたしている。

もう答えが出ている問題をなぜまた問い直す必要があるのか、と思うだろう。ではもし答えを持つ代わりに、他者や、自分自身や、企業が最適解を見つけるためのベストな問いを持っていたらどうなるだろう？　もし私たちが効果的な問いを立て、それを実際に問いかけることで探求や、学習や、才能を発揮する機会にしたらどうなるだろう？

問うことはおそらく、立ち止まる力のなかで最も効果的なものである。問うことは、「新たな可能性を探る技術」であり、言葉を使ったコーチングであり、言葉を使ったイノベーションであり、複雑さと危機に立ち向かう手段である。問いは私たちを立ち止まらせ、新たなレベルの思考や可能性へと向かわせる。**効率を重視するマネジャーは最も正確な回答を導き出すよう訓練されているが、リーダーは最も深い問いを提起する力を育む。**

立ち止まるとはつまり、意識的な変革へ向けて深くじっくりと問うことなのだ。問いと内省により、集中してアイデアを鍛える。問うことで情報が掘り起こされ、認識と明確さが増し、光が当たり、頭と心、そして意志をオープンにする。問いのプロセスはファスト思考とスロー思考の狭間にある――それはつながりを見いだし生み出す力であり、より内省的で洞察力に優れた心の働きである。問うために立ち止まることで、内なる自分、自分の人格、自分の目的意識を内外から知ることができるだけでなく、私たちの周りで起こっていることも知ることができる。そうしてリーダーとしてのキャパシティが広がり、活発に学ぶようになり、価値創造の効果が高まる。

問いの個人的実践は、自己の成長と献身を促す。問いの組織的実践は、企業文化における真のイノベーションへの道をひらき、企業の持続的成長を促す。立ち止まることは、実践的で革新的な方法論であり、学習可能なものだ。しかし、問いかけ、内省し、統合するというそのプロセスは、ほとんど教えられていない。

イノベータの「発見力」は習得できる

『イノベーションのDNA』（櫻井祐子訳、翔泳社、二〇一二年）のなかで、クレイトン・クリステンセンと共著者ジェフリー・ダイアーとハル・グレガーセンは、晩年のスティーブ・ジョブズを含めたイノベータたちは、五つのスキルを共通して持っているとした。そのスキルのうちの一つが、問うことである。

「イノベータは質問の達人」

彼らはそう主張している。イノベータたちは同時に、熱心な観察者であり、実験者であり、関係者たちのアイデアをつなげるネットワーカーである。そして「発見力」には立ち止まる技術が伴うが、これはＣＥＯやシニアリーダーたちでも得られる力だ。多くの人々が、この力を育てようとしてこなかっただけだ。イノベータとしてのスキルを育てるには、この発見力を向上させる必要がある。そしてその第一歩となるのが、立ち止まって精査し、問うことだ。それから、伝達力や実行力を行使すればよい。立ち止まることを通して、実行力もより強力になる。なぜなら発見そのものが、より深くなっているからである。立ち止まることを通じて、何が大切でなぜ大切かが明確になり、そこから導き出された答えとともに邁進できるのだ。

スティーブ・ジョブズがこの世を去った二〇一一年十月以前から、イノベーションは注目の話題だった。ジョブズにアップル社、ｉＰａｄにｉＰｈｏｎｅにｉＴｕｎｅｓ、アップル直営店、アプリという起業家精神にあふれた新しい分野、そしてピクサーにディズニー……彼が関わったほとんどすべてのものが、私たちの生活を変えたイノベーションとクリエイティビティの象徴となった。いまやもう、イノベーションが新たなリーダーシップになったと言えるだろう。

ジョブズのアップル社ＣＥＯ辞職と、それに続く彼の死を世界中が悼んだと同時に、どうすればイノベーティブになれるかが世界中で熱心に議論された――どうすれば「ジョブズのように考える」ことができるのだろう？　さらに重要なことに、リーダーたちは、アップルやグーグル、その他イノベーションを続ける集団に見られる精神を、どうすれば自身の企業文化に根付かせることができるか切実に知りたがっている。リーダーたちは独自の方法で、ジョブズのように「宇宙に痕跡を残したい」と願っている。新しいアイデアを掘り出す方法だけでなく、新しいアイデアから人々の生活を変えるイノベーションを生み出すような文化の育て方を知りたがっている。

深く問うために立ち止まれば、現状維持ではなく破壊と挑戦を試みる能力が身につく。破壊を脅威と見なすのではなく、破壊がもたらす可能性を前向きに検討することができる。立ち止まって問うことで、学びとイノベーションが生まれる。既存の考えを疑うことで、私たちは「これはこう」から「これはこうかもしれない」に変わっていく。問い続けることで統合が可能になり、対立するものや明らかに異質なものが交差する場所に新しい何かが生まれる。立ち止まることは、来るべき道を積極的にひらくための手段であり、不確かさや不安定さを自分にとって有利な点に……新しい何かが生まれるきっかけに変える。

イノベーションが新たなリーダーシップだとすれば、立ち止まることはブレイクスルーの核となる革新的な力である。

複雑なものを明確に

A．T．カーニーの会長兼マネージング・パートナーのポール・ラウディシナは新刊『世界的逆境に打ち勝つ』（未邦訳／*Beating the Global Odds*）のなかで次のように書いている。

驚くまでもなく、どんな人々も（組織も）右も左もわからず戸惑っていて、麻痺しているような気さえする。危機やスキャンダルはひっきりなしに訪れ、商品の選択肢は際限なく増え、ニュースやメールやソーシャルメディアなどの「情報スモッグ」は二十四時間休みなしに流れてくるが、私たちはこれまでよりスマートで賢くなったような気はしない。それどころか、考える能力や、将来を見据えて断固として行動する能力は減退している。想像してみてほしい。あなたは人類文明の知のすべてを――ついに――指先に手に入れた。しかし、その知を見るにはだいたいいつも頭痛が伴う。

グーテンベルグの活版印刷、デューイ十進法、コンピュータ、そしていまはグーグルを引き合いに出し、歴史を振り返ると、人類は世界の知の体系をアクセス可能なものにする方法を発達させてきたと彼は言う。「これらすべてのものは、果てしなく拡大し続ける世界の知の体系を、頭痛の種ではなく活用可能な財産にした」。

しかし、この説がもはや有効ではないとしたらどうなるだろう？　ラウディシナは、二つの理由から私たちはもう現在のペースを保っていられなくなっていると結論づけている。

第一に、使用可能な知の量が劇的に増え、伝達したりアクセスする方法もさまざまに増えていくうちに、そのペースに見合った新しいツールの開発が追いつかなくなったこと。第二に、ツールのキャパシティや技術は進化し、情報の量や速度が劇的に増しているにもかかわらず、私たちの理解力と情報爆発に対する適応力は完全に遅れをとっていること。もはやこの情報の急増は、たった一つの優れた組織だけでは抱えきれない。それを抱え、変革と破壊のペースに対処するためには、まったく新しい考え方、振る舞い、そして理解の方法が必要となる。ある意味で、これはテクノロジーの有用性の新たな限界だ――優れたシステムであっても、情報の洪水から効率よく吸収するために、そして使い方をきちんと把握しておくために、人々や社会がシステムを限定して使用するようになるかもしれない。

ラウディシナは、「ケーブルを切って、スマートフォンをたたき壊すことをお勧めする」と言っているわけではない。それでも彼は「『高速メディア』への唯一健康的な反応は、『メディアから離れること』――心のデトックスのようなものだ」と語るメディア評論家のトマス・クーパーの言葉を紹介している。さらにスティーブ・ジョブズについては「彼は大成功を収める前に、内なる自分と向き合う時間をとっていた」と語る。つまり、私たちがなし得る最も価値のあるイノベーションは、私たちの最も身近なところにあるとも言えるのだ。私たちは立ち止まり……一歩引いて……「情報スモッグ」のなかから重要なものを見極め、より深い認識を得て、情報を統合することができる。

リーダーは、複雑さに対処する際に、まず一歩引いて明確さを得るのではなく、行動することで先へ進もうとすることが多い。スピードを速めて行動を起こしたいという衝動は、成果を出したいという気持ちによって駆り立てられる。だが、成果を出すための主なアプローチ――行動とやり取り――は、混沌として複雑さが増している状況では役に立たないことがある。スピードと行動に身を捧げることで、私たちは知らず知らずのうちに非生産的になることがある。VUCAの特徴が強まっていくに伴い、私たちは状況をよく理解して最適な選択で先へ進むために、一歩引く方法を学ばなければいけない。

複雑なものを明確にする方法を学ぶことは、今日のリーダーの価値創造に不可欠な能力である。研究結果も、そのことをはっきりと示している。ロミンガー・インターナショナルのボブ・アイヒンガーとマイケル・ロンバルドは「曖昧さに対処すること」がリーダーに欠けている最も重要な能力だとし、センター・フォー・クリエイティブ・リーダーシップの研究結果もそれを裏付けるように、今日のシニアリーダーが直面している一番の問題は「複雑な問題に対処すること」だとしている。最近、あるグローバルCEOにこのことを尋ねてみた。すぐに返ってきた彼の回答は示唆に富んでいた。

「実は、『複雑さに対処』したり、『曖昧さに対処』する必要はないんだ」

リーダーとしての仕事は、複雑さや曖昧さを、持続的な価値を生む何ものかに変えることなのである。


スピードと行動が良しとされる世界に慣れている私たちにとって、混沌のなかでペースを落とすのは簡単なことではない。数年前、世界的通信会社のシニアセールスリーダーたちと、野外での研修に出かけた。各人の評価や関心からさまざまな課題を用意し、とても複雑で、難易度が高く、複合的な問題を解決する能力を学ぶ機会にした。この野外での活動をしている最中、課題に取り組む全員でブリーフィングを行った。すると突然、そのうちの何人かが自転車に飛び乗り、他の者たちも散り散りの方向に走り去った。私は叫んだ。

「どこに行くんだ?」

誰かが答えた。

「さあね、でもとにかく行くのさ！」

問題を解決しゴールに到達しようと思うあまり、意志とやる気だけを持ち、明確な方向性を持たず原因も理解しないまま突き進んでしまうことがある。しかし成果への意志と同じように、立ち止まる意志も、困難で複雑な問題に直面した時には重要なのだ。

複雑さが増せば増すほど、深く立ち止まる必要がある。
複雑さや曖昧さを、明確で意味あるものに変えるために。
立ち止まることで、活動過剰な状態から革新的な状態へと変わっていく。

一定量の質の高い立ち止まりがない限り、活動とやり取りを加速させても複雑なVUCAの世界では対処できない。VUCAの世界を抜け出してリードするのではなく、複雑さに何とか対処しようという試みはほとんど成功しない。バクスターのバイオサイエンス事業部プレジデントであるルドヴィック・ハントソンは、このリーダーシップの力学を私に教えてくれた。

「複雑でない一面的な問題に対処するマネジメントから、複雑さや多層的な問題に立ち止まって取り組むリーダーシップへと変わることが、イノベーションや価値創造の面で差をつけるために重要なことなのです」

下の図は、立ち止まりの法則を表したものである。効率を求めるマネジャーから卓越したリーダーへと脱皮するために重要な変化のひとつは、自己内外で質の高い立ち止まりや内省の機会を増やして、「処理的」や「活動過剰」な状態から「革新的」な姿勢へと変わることだ。しかし、状況がはっきりしていて活動を必要としているときは立ち止まりすぎないほうがいい。そして「活動不足」の状態――立ち止まって考えすぎている状態――のときは、その立ち止まり、あるいはためらいに対して、「最善の決断をして突き進め！」と言って聞かせよう。

マネジメントの効率性とリーダーシップの卓越性のバランスがとれた状態とは、複雑さの度合いによって処理的に対応したり革新的に対応したりできる身の軽い状態のときである。自分が変わる必要があるのは、立ち止まりが足りないか多すぎるときで、活動過剰や活動不足になっているときである。ある

立ち止まりの法則のモデル

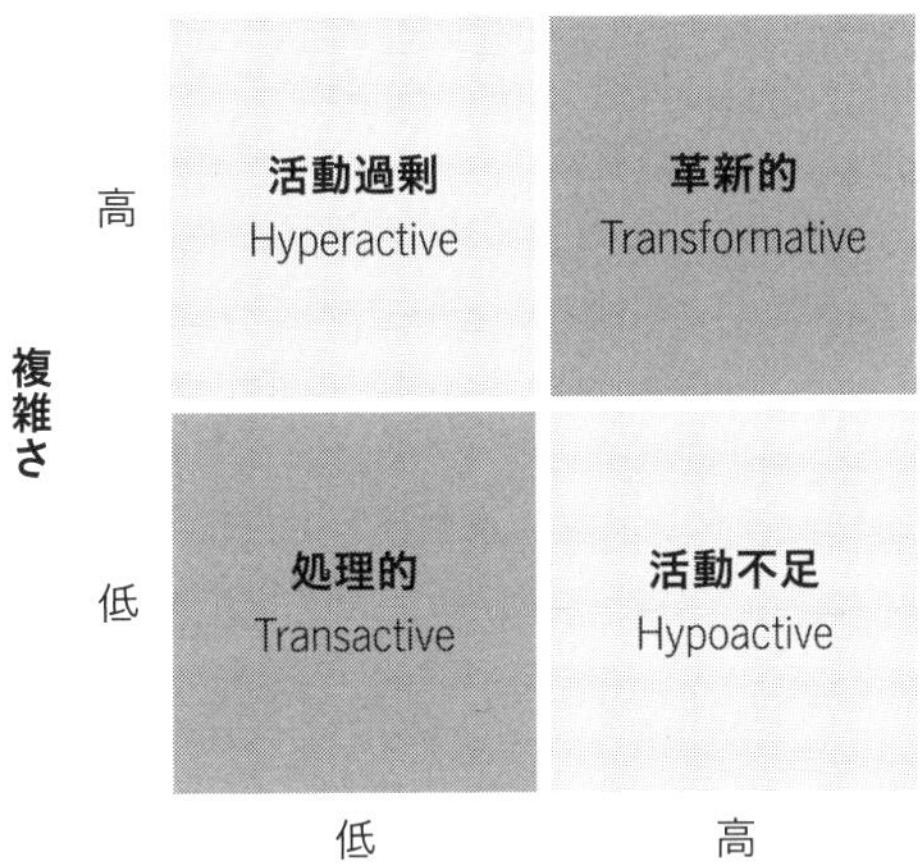

CEOは私にこう語った。
「リーダーシップの鍵は、いつ進みいつ立ち止まるかを正確に知っていることです。内省とは、それ自体が目的なのではなく、難題や困難や複雑さに対応するための、人間独自の能力なのです」

マネジメントの効率性は、より効率的により速く成果を求めることであり、リーダーシップの卓越性は、立ち止まることで複雑さを明確さに変え、違った方法をとることである。

複雑度が低いときはマネジメントを行い、複雑度が高い環境ではリードしよう。

ためらいは合図

私たちは概して、ためらいと立ち止まりを同じものと考えがちだ。しかし、この二つには微妙だが確かな違いがあり、その違いを知ることが大切だ。

ためらいを正しく認識すれば、立ち止まるきっかけとなる。私たちはこの、内外の複雑な状況を理解しようとする反応に耳を澄まさなければならない。いま直面している問題への抵抗感からためらいが生じることがある。またあるときは、内外の恐怖に直面していることでためらいが生じる。さらには、必要とされる情報や知識や経験が不足しているときにもためらいが生じる。不安に感じたときは、なぜそう感じるのかを理解しなければならない。原因不明の感情的な衝動から、ためらうこともあるかもしれない。単にどうすればいいか、どう考えればいいかわからずためらうこともある。

どんな場合でも、ためらいは一歩引いて内外の状況を検討せよという合図なのである。そうすることで、行き詰まったり、無駄な対応をすることを避けられる。

意識的に立ち止まることで潜在能力が解放され、差し迫った危機や未来の困難に立ち向かえるようになる。ロロ・メイは次のように書いている。「人間の自由とは、立ち止まって重要な課題に一つの選択を下すことでもある」。立ち止まることは、リーダーに威厳（gravitas）を与える。ノバルティスの元会長ダニエル・バセラは、こう述べている。「立ち止まるときに大切なのは『その立ち止まりはどこから来るのか？』と問うことです。怒りや、不安や、受動攻撃性から来ているのか、それとも共感や、思いやりや、内省や、洞察から来ているのか」

立ち止まることは物事を明確にし、パフォーマンスを強化する。物事を見極め、知性を持ち、能力を最大に発揮できるような状態に近づける。立ち止まることを実践すれば、先見性を持ち、内省し考え抜かれた行動をとることができる。

立ち止まるポイント②

ためらいから行動へ

職場や私生活で、あなたにためらいや不安を起こさせる状況や人物を想像してみよう。その状況とはどういうものだろう？　その人物とは誰だろう？　その不安とは何だろう？

目を閉じて、偏見なくそのためらいを見つめてみよう。その恐怖に、感情に、悲惨な状況に身を浸してみよう。目をそらさずしっかりと向き合おう。自分の思考を観察しよう。寄せては返す不安に向き合おう。自身のなかにあるプレッシャーを感じよう。判断を下してはいけない。想像を続けよう。悲惨な状況に向き合おう。自分の信念、恐怖、偏見、そして記憶を知ろう。観察すればするほど、さらに深くへと進める。我慢強く、しっかり観察しよう。しばらく時間がかかるかもしれないが、不安が平穏へと変わったら、次のように問いかけてみよう。

- その状況への自分の反応で、理性的だった部分、非理性的だった部分はどこだろうか。

- そこから学びとれることはなんだろうか。
- その状況に、別の方法でアプローチできないだろうか。その場合、未来はどう変わるだろうか。
- 自分自身やその状況に対する新しい観点はなんだろうか。
- その状況で考えられる最高の解決策は何だろうか。
- 今日からどう変われるだろうか。

しばらくこのプロセスを忘れないでいよう。寝ているときも、夢見るときも。散歩のときも。ドライブしたり、電車に乗っているときも忘れないでいよう。一歩引き、検討を続ければ、より明確な考えが現れてくる。

しかたなく立ち止まるのではなく、先を見越して立ち止まろうとするならば訓練が必要だ。ためらいを、深く立ち止まるきっかけにしよう。リーダーの能力は、ためらいを立ち止まる合図だと捉え、自身や他者に挑戦的な問いを投げかけ、普段はしにくい会話を持つきっかけにすることだ。リーダーは、自分自身や難題と向き合い、クリエイティブな力を引き出すために立ち止まる。

マネジャーは、効率性を増すためにスピードを上げる。

リーダーは、やりがいや、大切なものや、イノベーティブな力を発見するために
スピードを落とす。

マーガレット・ウィートリーは言う。

「思考は賢明な行動の出発点となります。じっくり時間をかければ、ものごとをよく見きわめてその特徴をつかむことができ、原因を突き止め、それがどんなふうに自分やほかの人びとに影響を与えているかに気づけるでしょう」。私たちは普段、落ちてきた葉っぱを全部拾うことに必死で、より良い目的地に続く道を見失っている。力強く進むために、力強く立ち止まる時間をとろう。

やる気はリーダーの影響力

コーン・フェリー・カンパニー傘下のロア・インターナショナルの創業者で、『力の

エレメント』（未邦訳／*The Elements of Power*）と『影響力のエレメント』（未邦訳／*The Elements of Influence*）の著者テリー・ベーコンは、リーダーの影響力についての説得力ある調査結果を教えてくれた。ベーコンは、やる気に満ちたリーダーは、平均的なリーダーより十倍も影響力があることを発見したという。彼はまた、信頼度の高いリーダーは、平均的なリーダーより四倍も影響力があることを発見した。

この調査結果が示唆するところは大きい。いまの組織や社会が直面している最大のリスクは、やる気には満ちているが信頼度が低いリーダーだ。そうした自己中心的なリーダーは、多大な影響力を持つと同時に、計り知れないほど有害になる可能性も秘めている。

いまの時代のリーダーを育成する際に鍵となるのは、謙虚さや、真正さや、信頼度や、協力や、奉仕の精神と、やる気の高さのバランスをとることである。立ち止まることは、自己認識と真正さの獲得を通して、自分重視のマネジメントから人格重視のリーダーシップへと変わるための方法論である。先へ進むために一歩引くというのは、個人の成果よりも遥かに大きくて重要な何かのために自分のやる気と才能を活かし、全人的にリードする方法を学ぶ貴重なプロセスなのだ。

忙しさの壁にぶち当たる

個人的経験からいえば、特にプレッシャーが高まったときなどに立ち止まることをやめてしまい、かなり散々な結果に終わってしまうことがある。数年前、長年ともにしたコンサルティング会社リーダーソースを、世界最大の幹部人材提供会社コーン・フェリー・インターナショナルのリーダーシップ&タレント・コンサルティング部門へ手渡した。それはかなり戦略的な決断だった。ロミンガー・インターナショナルやロア・インターナショナルを含む巨大企業の傘下に入ることで、コーン・フェリー・インターナショナルの主力事業である幹部人材提供をサポートする人材育成の拠点を作った。成長は急速で、比較的短い期間に一億二〇〇〇万ドルにも達した。順調のように見えるだろう。問題なんてあるのだろうか?

ＶＵＣＡの波は、洪水のように私の生活のあらゆる面を覆っていった。ミネアポリスのダウンタウンにたった一つのオフィスを持っていた企業から、世界八十ヶ所にオフィスを構える大企業になり、同僚も二十五人から数百人へと一気に増えた。大きな変化だが、刺激的な機会であり、私は進んで受け入れた。仕事とキャリアの大きな変化のただなかで、私はソラヤとの関係を急速に深めていった。何の問題もない。そうだろう。愛はいいことだ。私のエネルギーは幸せで満ちていた。私たちは婚約した。ソラヤと連れ子のタヒールは、遥か彼方からミネアポリスへと越して来た。私たちは家族となり、家を買って改築した。タヒールは新しい学校へ通い始め、そしてなにより、ゴールデン・レトリバーの子犬が家族の一員となった。一気にたくさんの変化が起こったものの、ストレスはまだ比較的対処できるものだった。次の波がやって来て、生活の隅から隅までVUCAの世界で覆われるまでは。

深刻な病気が私たち家族を襲った。日中は大企業の絶え間ない要求に対応し、夜は心配し看病を行っていると、長い間感じていなかったギリギリの状態へと陥った。私はほとんど溺れそうになっていた。この大きな健康危機に対して、立ち止まる力――内省、瞑想、エクササイズ――を含めた多くの援助が必要だった。しかし、それらの力を維持する代わりに、危機が高まるにつれ忘れていってしまった。世界中を飛び回り、多岐にわたる要求に応え続けることですでにすり減っていた私の回復力は、回復したり考えるために立ち止まることをしなかったために日々低下していった。この大変な時期のある時点で、揺れる飛行機のなかでこう思ったのを覚えている。

「オーケー、このまま天国へ連れて行ってくれ。準備はできている」

私は、自分がギリギリの状態だったことに気づいて心の底から驚いた。しっかりと立ち止まることが持つ意味の大きさを改めて知った。特にこういう厳しいときにこそ立ち止まり、自分と周りの人々にあらゆる面から力を注がなければならない。

立ち止まることをやめたり放棄することは、回復し、リフレッシュし、集中し、つながり、明確さを持ち、イノベーションを起こす能力——この要求の多い時代に不可欠な能力——を放棄することに等しい。さいわい、VUCAの力は私が完全に疲れ切る前に弱まった。さらにさいわいなことに、私たち家族は強さを、健康を、回復力を取り戻した。

私たちはその経験から多くを学んだ。妻ソラヤはそれを忘れないように、家のなかに「立ち止まる聖域」を作った。この回復場所は美しく、平和な場所で、立ち止まりのあらゆる形態——執筆、内省、瞑想——にとっての安息の地だ。そこは立ち止まって回復することの素晴らしさを象徴する場所である。結婚したいまはもう、ソラヤと私が立ち止まる力を軽く見ることはない。立ち止まる力は私たちの生活を救ったのだ。

先へ進むために一歩引く
——七つの実践

この本を書くにあたり、インタビューを行い、多くの研究やケース・スタディを分析した。そこから、「先へ進むために一歩引く」という原則をサポートする「立ち止まることの七つの実践」を抽出した。この本に織り込まれた七つの実践は、自己の成長、他者の成長、イノベーション文化の成長のそれぞれの分野に命を吹き込む具体的な方法である。各領域にはそれぞれの実践法がある。研究から導き出した「立ち止まることの七つの実践」とは次のとおり。

実践① 目的意識を持つ

ウォレン・ベニスは言う。「リーダーは人々に何が重要かを気づかせるものです」。やりがいは、私たちを「その先へ」と促し、より大きな何かへと気持ちを向かわせる。目的意識は、能力と、より大きな何かを達成しようという貢献心が出会う場所である。目的意識は、文脈と、やる気と、個人や他者やイノベーションを育てる意義を与えてくれる。もしかしたら一番重要で、射程の広い、革新的な立ち止まりかもしれない。

実践② 問いかけ、耳を傾ける

問いかけることは、探求のために立ち止まることであり、一歩引くこと、見直すこと、修正すること、再考することを促す。問いかけることは学びの機会であり、時間をかけて、得た情報を知恵につなげる。問いかけることは、好奇心による探求であり、個人や人間関係やクリエイティビティの成長の源泉を深く掘り下げることである。

耳を傾けることは、受容のために立ち止まることである。心から耳を傾けることは、自己認識や他者理解やイノベーションの可能性への扉をひらく。新しい考え方や振る舞い、そして世界の見方を知ることができる。耳を傾けることは、複雑さのなかで明確さを育てる培養器である。耳を傾けることは、静かで、立ち止まりの精神に満ちた革新的な学びなのである。

実践③ 挑戦するリスクをとる

マネジャーはリスクと挑戦を最小化することで予見可能性を高めようとする。リーダーはリスクを注視しながらブレイクスルーを生むための挑戦を後押しする。

新しく、これまでと違ったものを試みるために一歩引くことは、学びと発見につながる。もし私たちが現状や成功体験にしがみついていたら、価値創造の源泉は主に効率に限られてしまう。しかし挑戦は、まったく新しい価値創造の方法を育てるきっかけとなる。挑戦には、失敗に向き合いそれを学びの機会にしようとする大胆さと勇気が必要となる。挑戦は、私たち自身と世界への見方を疑うこと、つまり発見の源だ。思い切って挑戦することは、現在と将来の現実が交差する不安で落ち着かない場所で立ち止まることである。リーダーは、知的挑戦の果てに未来を創り出す。

実践④　内省し、統合する

マネジャーはいまの現実に対処するために分析し、判断し、決断する。リーダーは新しい現実を創り出すために内省し、統合する。

人はリーダーとしての立場になると、分析をしすぎ、内省をせず、統合しない傾向にある。スピードと行動にとらわれ、革新的な統合者ではなく活動過剰な決断者になっている。偉大なリーダーは、より高次で、戦略的な、将来指向の解決策を発見するために、分析を深める時間をとる。内省し、統合することも、自己認識や他者理解やイノベーションを発展させるために大切だ。内省し統合することは、真正さや革新やイノベーションへの扉をひらく鍵なのだ。

実践⑤　内側から外側へ、外側から内側への力に目を向ける

良いリーダーは戦略上の解決策を見いだすため外側に目を向ける。偉大なリーダーは自身の内側と外側に目を向け、不断の革新を目指す。

立ち止まることとは、私たちの内外にある力を総合的に検討することである。内側から発生する力と外側から発生する力を、両方から検討するために立ち止まるよう

になればなるほど、自身への洞察と、他者への洞察と、戦略への洞察が育ってくる。内外の情報をより深く考えるために立ち止まることは、個人の、戦略の、人間関係の、組織のより深い成長につながる可能性を生み出す。「内側を見る」ことと「外側を見る」ことのバランスをとるのが立ち止まることであり、その先に真の、不断のブレイクスルーがある。

実践⑥　生成力を育てる

生成的なリーダーは、自分自身の成功のため立ち止まるのではなく、次の世代への準備のために立ち止まる。生成力とは、他者が自分を越えていくのを助けることを通じて、自身がエネルギーや熱意を得る力のことである。それは、与え、コーチングし、指導し、他者の成長に力を尽くす喜びである。それは、子供が自分を乗り越えていくのを見ている親の喜びであり、未来の世代への影響を高めるリーダーの喜びである。生成的な立ち止まりは、人のポテンシャルを花咲かせる豊かな空気を育てる。

実践⑦　真正なリーダーになる

真正なリーダーになることが、何よりも影響力を持つ。リーダーが誰もが憧れる人間になると、その魅力は人を惹きつけ、他者が進んで参加し貢献してくれるようになる。真の自分、真の関係を築き、生み出したいものに忠実であるために立ち止まることは、価値創造を続けるために不可欠だ。真正さは、リーダーに本質や真実味や価値を与える。

マネジャーは正確性で信用を得る。リーダーは真正さで信頼を築く。

これら七つの効果的な立ち止まりは、本書における三つの章——自己を育む、他者を育む、イノベーションを育む——に通底している。七つの実践は「先へ進むために一歩引く」という理念を支えるものである。以降の章を読み進めると、これらの立ち止まりを実践に活かしてリーダーシップのあらゆる領域を成長させることができるだろう。

第2章　自己を育む

全人的リーダーになる

ユダヤの教典「タルムード」には人生の大切な教えが描かれている。それは次のように始まる。

「万物の葉先には天使が宿っている。そして天使は励ましの言葉を投げかけている。育て……育て……育て……」

人生の核にあるこの衝動は、個人の宗教上、科学上、人道上の信念を越えて共感できるものだろう。**もっと育とう。もっと良くあろう。もっと貢献しよう。もっと良い人間になろう。もっと奉仕しよう。**まさにリーダーシップの本質である。成長への、貢献への、永続的な価値創造への秘めた情熱。立ち止まる力とは、自己と他者を、この成長への原始的な衝動とともに歩ませる力のことである。

組織の浮き沈みは、リーダーの浮き沈みと比例する。リーダーが成長すれば、会社も成長する。全人的なリーダーとなるために全人格を育てる自己リーダーシップとは、リーダーの影響力を保つための基本であり、組織のパフォーマンスを持続するために必要不可欠なものである。これは実践からも、研究からも裏付けられている。「自己認識および対人能力は、実行力とマネジメント能力を測るはっきりした指標である」。ある研究では次のように語られている。

「何が何でも結果を出そう」というタイプのエグゼクティブは、特に長い目で見ると結果的に利益を減らしてしまう。一方で、自己認識と対人能力を兼ね備えたリーダーは、さらなる利益をもたらす。（中略）つまり、自己認識を持ちスタッフと良い関係を築いているエグゼクティブのほうが、クライアントやビジネスパートナーとも良い関係を築き、戦略をよく把握して実行し、利益をもたらすことができる。こうしたリーダーは、高い目標を持ち、優れたパフォーマンスを求めながらも、エゴは少なく、信頼を大切にしている。

企業や事業戦略が前進するか後退するかは、リーダーが自己リーダーシップを持てるかどうかにかかっている。にもかかわらず、その必要性に気づくのは難しい。チームや組織がうまくいかず焦燥感が募っているときこそ、一度立ち止まり、これまでとは違った新しいやり方でパフォーマンスを最大化させる方法を考えてみるといい。

ノバルティスの元会長ダニエル・バセラに、リーダーにとって一番重要な能力は何かと尋ねたことがある。彼の返答はこうだった。

「構想力や機敏な対応能力、結果をもたらす力といったビジネススキルも必要ですが、パーソナリティに関していえば、内省することがリーダーにとって最も重要な能力です。内省することで、いつ立ち止まりいつ行動するかだけでなく、なぜそうするか、あるいはなぜそうしないかということまで、はっきりと把握することができるようになります。内省は、リーダーとしてのあり方や自身のリーダーシップがどこから来ているかを知る、自己点検のプロセスなのです」

効率を求めるマネジャーは結果を目指す。一方で、リーダーは自身や組織の新たな戦略を得るためにたえず意識して内省し、それから価値創造を目指す。

数十億ドル規模のグローバル製造企業の後継者としてCEOに任命されたジェームズは、戦略的で、機敏に対応できる、イノベーティブな人物だった。しかし、チームや同僚に協力を求めれば求めるほど、周りは次第に遠のいていった。知らず知らずのうちに、彼は新たな戦略やイノベーティブなアイデアは自分に任せておけという態度をとっていたのだった。そして周りは、自分たちの意見が必要とされていないと感じていた。

ジェームズは協力を求めたが、彼の振る舞いは、周りの意見を聞かない、頑固な、自己中心的なものだった。そんな彼の戦いに誰が力を貸すだろう？　さいわい、コーチングの助けもありジェームズは立ち止まった。立ち止まって状況を見つめ直し、他者の視点から自身の振る舞いと立場を点検した。非生産的だった自身の生き方についてまで勇気を持って見つめ直した。そして、自分の発見に驚いた。自身の振る舞いと周りへの要求のあいだに齟齬があることに気づいた。チームや同僚の立場になって振り返ることで、周りが自分から遠のいていくのは当然だと気づいたのだ。彼の名誉のために言っておくが、彼はその後、組織に求める人物像にまず自分がなろうと努めた。立ち止まり、内省を通して自己認識を持ち、自身の能力だけでなくチームの能力を発揮するさまざまな活路を見いだしたのである。

ジェームズは賢明にも立ち止まり、新たなリーダーシップを見いだした。グリーン・ピーク・パートナーズとコーネル大学の研究では、優れた対人スキルと自己認識を持った人物は、より良い戦略や利益をもたらすと報告されている。また、マネジャーの自己評価と周りからの評価の相違と、マネジャーのパフォーマンスとの相関関係を調査したW・ウォーナー・バーク・アソシエイツのアラン・チャーチは次のように報告している。

「高いパフォーマンスを示す人々は、普通のパフォーマンスの人々よりもはるかにしっかりとした自己認識を持っていた。高いパフォーマンスを示す人々は、自己認識と職場での振る舞いに対する自己評価を非常に高いレベルで行っている」

立ち止まるポイント③

リーダーとしてのポテンシャルを開花させる

一息入れよう。お気に入りの場所に腰を下ろそう。お好みで音楽をかけてもいい。チームの良いところ、悪いところを振り返ってみよう。うまくいっている部分、うまくいっていない部分はどこだろう。彼らに自分はどう映っているだろう。そうして次のことを考えてみよう。

- チームに対する一番の不満は何だろうか。
- 行動や振る舞いをどのように改善してほしいだろうか。
- 改善するには何を変える必要があるだろうか。
- 改善するには自分自身の何を変える必要があるだろうか。

ある世界的消費財メーカーは、次の五年で百億ドル規模から二百億ドル規模へ成長するという野心的な戦略を立てている。ここ十年買収を続けて成長してきた彼らは、多様な文化と共存する強固な組織を形成してきた。次なる成長へ向けて組織内の人材育成に投資する必要性を認識していたため、ありきたりなリーダー育成プログラムでは満足しなかった。

まず、次世代のＣＥＯとなる可能性がある上位五人のエグゼクティブは、我々のチーフ・エグゼクティブ・インスティテュートで各自のリーダーシップ育成に取り組んだ。そしてリーダーシップを包括的に学んだ。コーチとコンサルタントとともに三日間集中的に学んだだけでなく、十八ヶ月以上にわたり定期的にコーチングを受けた。組織もその取り組みに理解を示した。結果が求められる責任の重い組織においても、一歩引いて自身を振り返り、新たなリーダーシップを獲得するというプロセスが許容されるようになった。リーダーたちは立ち止まるようになり、組織に求める理想の人物に彼らがなった。結果、その後のリーダーシップ・プログラムは順調に進んだ。リーダーシップ育成はその組織で大きな意味を持つものとされた。彼らの成功は、人間的にも戦略的にも成長した結果だということは明らかだった。トップ五十人のエグゼクティブのひとりはこう語った。

「もしシニアリーダーたちが自身の成長にそんなに熱心に取り組んでいるのなら、確実に私にとっての利益になっています。私たちは誰もが成長する必要がありますし、ビジネスの成長に適うだけのリーダーシップを育てなければなりません」と語った。

すべては自己認識から

立ち止まって自己認識を得ると、次への扉がひらける。自己認識は、真正さや人格や目的意識への扉をひらく。リーダーは、その人格で人を率いるものであり、自分をよく知ることは、リーダーとしての能力とパフォーマンスを向上させる鍵となる。

『内から外へのリーダーシップ』（未邦訳／*Leadership from the Inside Out*）のなかで、私は主にリーダーシップを発揮するための自己認識や真正さを育てる方法を考察した。その後、ダニエル・ゴールマンやジム・コリンズ、ジャック・ゼンガーやジョー・フォークマンらを含めさまざまな研究者が、自己認識とリーダーシップの関連を立証している。

自己認識を得るために立ち止まることは、生涯にわたって続く成長のプロセスだ。リーダーにとってそれが特に重要であるのは、自分の潜在能力を引き出すためには、まず自分を知ることが非常に大きな価値を持つからだ。

- 自分の強みを知り、適切な状況でそれを発揮できるようにしておかなければならない。
- 自分のもろさ、弱点、そして負の感情を知り、それらが不適切な状況で、価値を生まない形で出てしまわないよう点検できるようにしておかなければならない。

○自己認識が足りないと、周りのほうが自分の長所と短所をよく知っていることになり、信頼が失われる。

○自己認識を持っていると、より現実的になるため、信頼と尊敬が増す。

○自分の強みを把握していないと、自信を欠き、自分の価値を正しく理解したり発揮することができない。

○自分の弱みを把握していないと、周りとのギャップを埋めるためにいつ立ち止まり、他者に頼ればいいか判断することができない。

○自己認識が足りないということは、耳を傾けていないということだ。内側からの自分の声に耳を傾けられず、外側からの他者のフィードバックにも耳を傾けられないということだ。内側からも外側からも断絶し、孤立してしまう。

○自己認識を持っていると、充分に、そして適切に他者とつながることができる。

遥か昔から、「汝自身を知れ（nosce teipsum）」というのはよく知られた格言である。この格言はソクラテス、オウィディウス、キケロらの著作、ギリシャ七賢人の言葉、アポロン神殿の入口、初期キリスト教の文献などで目にすることができる。「汝自身を知れ」は、人生の大切な教えのひとつとして古くから伝えられてきたものである。

現代のリーダーシップの権威ウォレン・ベニスも「自分を出すというのはリーダーの重要な仕事だ」と語っている。ダニエル・ゴールマンも、自己認識とセルフマネジメント、そして共感という三つの能力は「並のリーダーと偉大なリーダーを分けるもの」だとしている。彼は言う。「リーダーはあらゆる行動にこれらの能力をつぎ込まなければならない」。

ではなぜ自己認識は得るのが難しいのだろうか？　メドトロニックの元CEOでベストセラー『リーダーへの旅路』（梅津祐良訳、生産性出版、二〇〇七年）の著者ビル・ジョージは次のように語っている。

自分自身の本物のリーダーシップを発見するためには、自分自身、自分の価値観、信条を現実の世界における経験に照らしてテストすることが求められる。これはそれほど簡単なプロセスではない。というのは、われわれはつねに外界の世界からの要求にさらされ、ほかの人たちから押しつけられる成功のモデルに影響を受け、さらに自らの真の目的を見つける旅を続けることが要求されるからだ。

あなたが現在いる位置とこれからリーダーシップの旅路で行き着く先との間を結ぶ、地図や道筋マップといったものは存在しない。あなたが真の目的にフォーカスし、外部の力によって影響されたり、道を踏みはずす危機に直面した際に軌道に戻るためには、羅針盤が必要なのだ。

また、アウグスティヌスはこう語っている。「人は山の頂きを、海の大波を、川の果てしない流れを、途方もない大海を、弧を描く星を旅しては驚嘆するにもかかわらず、自分自身には驚嘆もせずに通り過ぎる」。他者を知ることが心の知能指数（ＥＱ）のひとつの指標であるのに対して、自分を知ることは叡智を示す大きな指標だろう。リーダーたちはいまの世界や市場を理解し変革しようとある意味頭がいっぱいになっていると言えるが、一握りの偉大なリーダーたちは自分を理解し変革するために立ち止まる時間を作っている。

本当の変革は自己変革から始まる。立ち止まることは、自己変革を促進する。

自己認識を持つと、真正さが強化される。それは自分のことをよく知り、自身の長所と短所をよく把握しているリーダーが持つ特性である。ウォレン・ベニスは言う。「真正さを持つリーダーになることは、自分が自分の主人になるということである。そして、自分のエネルギーや欲望の在処を知り、それに基づいて行動する自分なりの道を見つけることである」。

ノバルティス・ワクチンの元社長で開発部のグローバルヘッドだったヴァス・ナラシム

ハンは私にこう語ってくれた。

「自分自身についてよくわかっているとき、ものごとはゆっくりになります。会議でも、よく聞き、よく考え、よく観察し、より良い選択ができるのです。それはアスリートが高いパフォーマンスを発揮している状態のとき、試合がゆっくり進んでいるように見えるのと似ています」

老子は、自己認識の核心を次のように説いている。「人を知る者は智なり、自ら知る者は明なり」。

立ち止まるポイント④
自己認識　基礎編

立ち止まろう。慌てなくていい。急いではいけない。次の問いをできるだけ客観的に考えてみよう。それらの問いについて考える際、こう自分に問いかけよう。

「自分ならどう考える？　周りはどう考える？　どうすれば互いの考えを調整したり統合したりすることができるだろうか？」

- 価値創造につながる自分の強みや能力は何だろう。
- 弱みはどこだろう。成長が必要なところはどこだろう。
- 三六〇度評価やその他の評価で知った自分の強みや弱みについてどう感じるだろう。
- その強みはどこから来ているだろう。自分が最も影響を受けているのは誰だろう。何から影響を受けてきただろう。
- 人生における特別な出来事やトラウマから何を学んだだろう。
- キャリアや人生の絶頂とどん底を振り返ってみよう。そこから何を学んだだろう。
- あなたは周りに信頼されているだろうか。されているなら、それはどうしてだろう。されていないなら、それはどうしてだろう。
- 最も親しく信頼のおける友人や同僚は、何をあなたの最大の長所と短所だと言うだろう。

より広い視野を持つために

『人生の科学』（夏目大訳、早川書房、二〇一二年）のなかで、デイヴィッド・ブルックスはあらゆる科学分野の研究に目を配り、人間がどのように自己を認識し世界を眺めているかを論じた。彼は言う。「私たちが社会生活を営んでいけるのは、人によって程度の差はあるが、少なくとも部分的には、お互いの心の中を想像できるからである」。さらに彼は続ける。「他人の心の動きを自分の心の中で再現するのだ」。また「大人の意識は『サーチライトのようなもの』」である一方で、「幼い子供の意識は『ランタンのようなもの』」であり、それは「外界を全方位的に照らす。パノラマのように、外界にそんざいするあらゆる事物を一度に見ているわけだ」というアリソン・ゴプニックの洞察にも言及している。

認識を広げるために、懐中電灯の光の範囲を広げてみてはどうだろう？　自己認識が本物で確固たるものであるためには、内側からも外側からも検討される必要がある。それゆえに、意識的に立ち止まって内省し、自身の価値観、信念、行動パターン、特徴、経歴を内側から振り返ることが大切だ。同時に、他者のフィードバックや考え方や知見を通して外側から振り返ることも重要である。「私」

真の自己認識のための円環

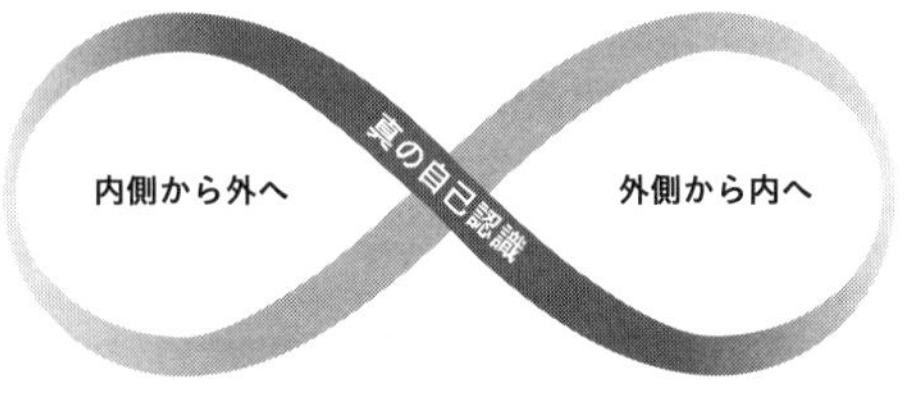

（内側）と「私たち」（外側）という視点を通して円環的に意識してたえず考え続けることで、真の自己認識に近づくことができる。外側で起こることのほとんどは統制できないのだから、リーダーは自分自身の統制をとるしかない。自己認識のために立ち止まるとは、まさに統制をとることだ。

「人格《キャラクター》」とは何か

マネジャーは、結果をもたらす能力を求める。

リーダーは、その人格で強固かつ持続可能な未来を築く。

能力は人をリーダーシップの扉の前に導くが、人格はその扉をひらく鍵である。いったい、この「人格」とは何だろうか？　それは、真の、計算抜きの、ありのままの自分のことである。良いものでも悪いものでも、誰も見ていないときに現れるものである。多くのリーダーの人格は、道でばったり会っただけではほとんどわからない。あらゆる機会で自分のことを見てきた周囲の人間の信頼や不信が作り上げるものなのである。人格の優れたリーダーは奉仕する者であり、人格の劣るリーダーは自分にのみ奉仕する者である。

人格とは、深夜にはうるさくて眠れなくなるような、
日中にはリーダーシップのなかに音を潜めてしまうような、良心の声である。

ラルフ・ウォルドー・エマソンのエッセイ「人格」に倣って、私は人格を、外部の影響やプレッシャーを受けない静かで控えめな価値創造の力であると定義したい。人格と行動が結びつけば、関わるすべての人のエネルギーや、価値や、奉仕や、献身性が増す。エマソンは「人格は知性にも勝る」と語っており、アインシュタインもまた次のように語っている。「多くの人は、知性が偉大な科学者を作ると言う。しかし彼らは間違っている。偉大な科学者を作るのは人格だ」。

同僚のテリー・ベーコンは、能力とその影響について研究を行ってきたが、彼は人としての能力を、知識、表現力、歴史、魅力、人格の五つに分類している。この研究で重要なのは、「五つの力のなかで唯一人格だけが、他の力を増大させたり減少させたりできる。知識があって、表現できて、魅力があって、影響を与えたい人々との関係がすでにできあがっているとしても、人格に問題があると見なされれば、リーダーとしての力や影響力はたちまち弱まってしまう」。人格の良い面については、次のように語っている。「人格が優れていると見なされれば、リーダーとしての力や影響力は強まる。周りはリーダーの考え

を信じ、リーダーとして信頼し、手本にする価値のある人間だと思うようになる」。

人格の研究

クリストファー・ピーターソンとマーティン・セリグマンの『人格の強みと美徳』（未邦訳／*Character Strengths and Virtues*）では人格の包括的な研究がなされている。バリューズ・イン・アクション・インスティテュート・オン・キャラクター（VIA）の助成を受け、アメリカ心理学会と共同で行われた研究は、人格の強みを六分野二十四項目に分類している。テリー・ベーコンは多少の手を加えつつこの研究結果を『力のエレメント』に取り入れている。

VIAによる人格の強み

I. 知恵と知識
- 創造性
- 好奇心
- 判断とオープンな心
- 向学心
- 大局観

II. 勇気
- 勇敢
- 忍耐
- 誠実
- 熱意・バイタリティ

III. 人間性
- 愛し愛される度量
- 親切
- 社交能力

IV. 正義・市民的強み
- チームワーク
- 公正
- リーダーシップ

V. 節度
- 寛容と慈悲
- 慎み深さと謙遜
- 分別
- 自己統制

VI. 超越
- 美や善きものへの審美眼
- 感謝
- 希望
- ユーモア
- 精神性、信義、目的意識

立ち止まるポイント⑤

自分の人格的傾向を知る

人格の強みの二十四項目を見ながら立ち止まってみよう。

- あなたの強みの上位三つは何だろう。その強みは周りからも賛同を得られるだろうか。
- 下位三つは何だろう。
- 自己リーダーシップの育成に取り組んでいるあなたは、これらの項目を見て何を思うだろうか。
- 人格に基づくリーダーシップを次の段階に押し上げるには、どこを育て、どこを抑え、どういう別の方法をとればいいだろうか。

しばしば、私たちは他人の人格を美化したり貶めたりしてしまう。そうすることによって、自身の人格と向き合い成長させる機会を逃している。自分自身の人格とその強みや弱みをはっきりと把握するために立ち止まることは、自己認識と真正さを得るために欠かせない。

自身の人格を知るための二つの指標がある。

1　バリューズ・イン・アクションの六分野二十四項目。

2　ピアース・グループが提示する、誠実さ、ビジョンとクリエイティビティ、活力と変革、責任感、影響力の五分野二十二項目を測る「性格基準調査（CFA）」。CFAはさまざまな職業のエキスパートたちに共通して備わっていた、ビジネスで成功を収めるために必要な長所の研究に基づいて作られた。CFAは、これらの長所について立ち止まって内省し、リーダーシップ育成の道しるべになるものである。

『力のエレメント』のなかで、テリー・ベーコンはコーン・フェリー・インターナショナルのキム・ライルとエヴリン・オールと協力し、VIAの二十四項目の人格の強みをコーン・フェリーのリーダーシップ・アーキテクトとともに分析している。そしてそれぞれの項目における成長難易度をはじき出した。

その結果、「人間性」と「超越」が最も成長の難しい分野だとわかった。「節度」、「知恵と知識」、「勇気」は成長が比較的容易で、「正義・市民的強み」は一番成長させやすい。

項目でいえば、社交能力、ユーモア、精神性、大局観が最も成長の難しいもので、向学心、忍耐、慎み深さと謙遜、熱意・バイタリティが成長させやすい項目となっている。

リーダーシップにとって人格が欠かせない要素だと認識し、それを備えた人物になろうとしているにもかかわらず、ほとんどのリーダーは、意識的に自らの人格を評価し成長させようとしていない。私の経験を振り返っても、「ケヴィン、僕は自分の人格に困っているんだ。なんとかしなきゃいけないと思ってる」などと言ってきたリーダーはひとりもいない。

私たちは、自己の倫理観や人格について反省するよりも、目に入るものや頭に残っていることについて不満を言う傾向にある。人格は重要だと思いながらも、立ち止まってしっかり検討することはほとんどない。あったとしても、ほんのたまにだ。人格や真正さというのはとても掴みにくいものなのである。そうしたものを他人やリーダーには求めがちなのに、自分自身にそれがあるかという視線を向けることはほとんどない。

マネジャーは人々に倫理的な行動をとらせ強化するために、
プロセスを作り構造を管理する。
リーダーはその人格で、人々の倫理的な行動を促進する。

有言実現

自己の強みと限界――全人格をしっかりと認識することが、真正さを獲得する方法である。この一歩進んだ自己認識に至れば、その人の信念や価値観や行動原理や振る舞いは、さらに一貫した真正なものになる。「有言実行」という言葉があるが、真正さとは、いわば深いレベルで「有言実現」するということである。

いまは真正な状態であったとしても、これからについては目をつぶっていることが多い。シェイクスピアが『ハムレット』で書いたように「人の身は今はこうでも、明日はどうなることやら、わかりはしない」。私たちは、成長するための、自分自身になるための、より良くなるための、無限の可能性を秘めている。真正さの成長に終着地点があるとしても、私はいまだにそれを見たことがない。成長は、いまの真正さを次のステージへ進めるための継続的なプロセスである。

少し前、金融危機のさなかにあるシニアチームとＣＥＯと仕事をともにした。ＣＥＯにも改善すべき点はいくつかあったが、真正さは問題がなかった。ところがＣＯＯは、知らず知らずのうちに自身のイメージにとらわれすぎていた。真正さを次のレベルに進める必要があった。彼らとのやり取りのなかに決定的な瞬間があった。重大な決定を下す際に生じたミスを過剰に擁護したＣＯＯに対し、ＣＥＯは穏やかに、思いやりのある声で尋ねた。

「ビル、君は良く見られたいのか？　それとも、変化を生み出したいのか？」

ビルは黙り込んでしまった。もちろん彼は変化を生み出したかった。CEOの言葉は、真正さと人格を深く検討するきっかけとなった。CEOの人格は、COOの対処的な振る舞いの奥にまで届き、COOに新しく、より真正な方法で取り組む必要性を伝えていた。

主人と召使い

ある大企業の女性CEOが、立ち止まることは意思決定のプロセスに新たな観点をもたらす手助けになると語っていた。彼女いわく、立ち止まることは「偶然の出来事や選択肢を減らすというより、意志を強化する」。それによって彼女はリーダーの影響力というものをより意識するようになったという。自分のリーダーシップがどこから来ているのか――人格《キャラクター》から来ているのか、対処《コーピング》から来ているのか――を立ち止まって認識することはとても大切だ。

「立ち止まることで、より明確な意見を持ち、選択に自信を持つことができるようになりました。そして他人の選択に動揺することもなくなったのです」

「人格」はリーダーの真髄であり核心である。人格はどんな行動や成果より広く深いもので、その人物の本質に根ざしている。その力を振り返り、「なんの手段も使わずその存在自体が語りかけてくるような力。それこそが私たちの言う人格だ」とラルフ・ウォルドー・エマソンは言っている。人格は、可能性や潜在能力に道をひらき変革をもたらす。人格に基づくリーダーシップとは、真正さ、目的意識、オープンさ、信用、勇気、調和、思いやりを感じさせるものだ。私たちは、状況を変え、可能性をひらき、自分にとっても他人にとっても永続的な価値を生み出す力を持っている。

一方で「対処」は、困難な状況を切り抜けるのに役に立つ。その意味で対処は価値があり、控えめにそして適切に使われる限り私たちのニーズを満たしてくれる。対処の働きは筋肉のようなものだ。たまに使う必要があるが、使いすぎると壊れてしまう。対処には、イメージや安全性、セキュリティ、慰め、管理に気を配るといった性質がある。対処するリーダーは結果を残すことができるだろうが、同時に過度に保身的で、心配性で、慎重な印象を与えるか、何が何でも成功したいという欲望をさらけ出してしまうかもしれない。特定の人々を疎外し、多くの場合、勝つか負けるかのシナリオを採用する可能性がある。

人格と対処、どちらによって人を導いても、結果を残すことはできるだろう。対処も、それ自体は悪いものではなく、特定の状況では必要とされるものだ。しかしながら、リーダーシップという観点からすれば、人格はリーダーシップの優れた主人であり、対処は優れた召使いである。たとえば、イメージというのはたしかにリーダーシップの一要素かもしれないが、それは、リーダーが持つ深い価値から発せられたメッセージと結びついたときに初めて影響力を持つ。イメージは、リーダーの不安や、リーダーとしての真正さの欠如を補うべくメッセージの操作にも使われることがあるが、そうなれば悲惨な結果を招きかねない。

人格も対処も、リーダーシップをとるさまざまな場面に現れる。しかしながら、私たちは立ち止まり、自分自身にこう問いかける必要がある。

「どっちが主人で、どっちが召使いだろう？」

意識的に立ち止まり、人格を主人に、対処を召使いにできたなら、さらに一歩進んだ価値創造へと導くことができるだろう。

トラとブタとロバ、そしてナイチンゲール（夜鳴き鳥）

自身が率いる世界的企業やコミュニティの要求に応える際、人格でリードする以上に大事なことはあるだろうか？　人は、自分のことよりも企業や社会への奉仕に価値を置くリーダーを求めており、実際にそうしたリーダーもたくさんいる。

しかし残念ながら、私たちの社会には、人格を欠いたまま出世競争や権力争いをするリーダーたちによってつけられた傷跡も数多く存在する。私たちは日々、官民かかわらずさまざまな組織の腐敗したリーダーたちを目にしている。**私たちはいま、世界金融危機に苦しんでいるだけでなく、世界人格危機に苦しんでいるのだ。人格の放棄から来る自己中心的な決定が、世界金融危機を加速させたのである。**

リーダーたちは、突然悪い人間になるのではない。「自己の利益のために幾度となく自尊心を捨て続けた」結果、そうなるのである。人間とは、真正さと心の知能指数の核にあるものである。それゆえに、自己認識が足りない人間ほど、自分の行いへの後悔や、傷つけた者たちへの理解がなく、そうした人間たちの行いによって被害が広がっていく。

私たちは一方で、「なんて汚い奴らなんだ。よくこんなことができるな」とリーダーたちを悪者にして怒りをぶつけることができる。しかしまた一方で、私たちは立ち止まることもできる。誰もがこのような自己中心的な行いをしてしまう可能性があることを認識し、自分は人格を持ってものごとに従事しようと再確認できる。孔子も次のように説いている。「賢を見ては斉《ひと》しからんことを思い、不賢を見ては内に自ら省みる」。

自己への奉仕と他者への奉仕の格闘は、人間がたえず持つ葛藤である。アンブローズ・ビアスは「どんな人間の心にもトラとブタとロバ、そしてナイチンゲールがいる。彼らの活動によってさまざまな人格が生まれるのだ！」と書いた。だから大切なのはこう問うことだ。

「どうすればもっと頻繁にロバからナイチンゲールになれるだろう？」

力がなくなったとき、より強い力に引っぱられる前に「人格の防御機能」を作るにはどうすればいいだろう？　最大の脅威は、私たちの内にある。ニュースで読む落ちぶれたリーダーたちの心配をしている場合だろうか？　あなたの魂を脅かすものと向き合おう。

倫理や人格に欠けた他人を批判していたら、あなたの人生において人格が試される厳しい選択のために立ち止まる時間を奪いかねない。ジョージ・バーナード・ショーは次のように書いている。「自分自身をきれいに明るくしておくがよい。私たちは自分という窓を通して世界を見ている」。あなたのエネルギーは、嫌悪や批判や独善的な考えに費やすのではなく、繰り返し立ち止まって自己の人格を点検し「窓をきれいにすること」に費やそう。

自分のリーダーシップはどこから来るのか？

何年にもわたり、私たちは自身の行動を点検する方法を発展させ、磨き上げてきた。私たちは、リーダーの振る舞いを特長づける二つの分類を用いている。人格と、対処だ。自己観察を学び、どんなときでもそれを忘れずに、「自分のリーダーシップはどこから来るのか？」という問いに答え続けることこそが、人格に基づくリーダーシップのために大切なことである。そうすれば周囲の活力も、奉仕の精神も、価値も持続的に生み出される。対処型のリーダーシップは、結果は得られるだろうが、自分が生き抜くために自分だけに奉仕しがちで、持続的なリーダーシップの手段とは言い難い。「人格は、保ち続けることよりも回復することのほうがずっと難しい」とはトマス・ペインが残した言葉である。人格か対処かによって、どれほど人々の努力や怠慢が左右されるかを理解することは、リーダーにとって重要である。

対処 vs 人格

対処	**人格**
自己への奉仕	他者への奉仕
エネルギーの消耗	エネルギーの増大
統制	信頼
イメージ	真正さ
反応的	先見的
短期的	長期的
恐れ	勇気
怒り	思いやり
何が何でも成功する	何が何でも奉仕する
自己中心	システム・組織中心
非建設的葛藤	建設的葛藤
動転	存在感
不快な振る舞い	落ち着いた振る舞い
状況に圧倒される	状況を俯瞰する
凝り固まった考え	謙遜、オープンさ、学び
閉じた思考	公正な思考
批判的・断定的	人間味・寛容
頭の固さ	知恵
硬直	超越

立ち止まるポイント⑥

対処型リーダーシップ

ストレスを抱えた状態を想像してほしい。やることが多すぎる一方で、時間はほとんどない。精神的、肉体的、そして人間関係においてもプレッシャーが高まっている。そこに、またひとつ大きな問題が持ち上がり、あなたは対処モードになっている。

- 前頁のリストにある対処のうち、あなたはどれになりがちだろうか。(最も当てはまる二つか三つに絞ろう)
- 体はどう反応するだろうか。体にどんなプレッシャーや痛みを感じるだろうか。(具体的になろう)
- 関連してどんな振る舞いが引き起こされるだろうか。
- それらは自分に、人間関係に、そして仕事にどのような影響を与えるだろうか。

立ち止まるポイント⑦

人格に基づくリーダーシップ

絶好調な状態を想像してほしい。周りに活力を与えて貢献している。あなたの価値はいまここにある。長所が発揮され、かなり厳しい状況においてさえ、あなたは落ち着きを保ち集中している。

- 前頁のリストにある人格のうち、あなたはどれに当てはまるだろうか。(ここでも、最も当てはまる二つか三つに絞ろう)
- 体はどう反応するだろうか。対処モードの時とは体の感覚がどう違うだろうか。(ここでも、具体的になろう)
- それらは自分に、人間関係に、そして仕事にどのような影響を与えるだろうか。
- 対処型リーダーシップと人格に基づくリーダーシップの違いを見分けることはできるだろうか。
- どうすれば、より多くの画面において、対処ではなく人格に基づくリーダーシップをとれるだろうか。

対処ではなく人格に基づいたリーダーシップをとるために自己認識を築くことは、自身と周囲の革新につながる。家で実践してオフィスに持ち込もう。実践に周囲を巻き込もう。正しい方向を保つために、周囲からのフィードバックを活用しよう。人格によってどれほどのエネルギーが生み出されるかを知ろう。対処によってどれほどのエネルギーが奪われるかを知ろう。健康だけでなく、家庭や職場での人間関係が向上することを知ろう。リーダーシップが高まることを知ろう。

人格とは力である……それは破壊ではなく、創造の力である。
萎縮させるのではなく、活力を与える力である。
自分だけに奉仕するのではなく、他人に奉仕する力である。

人格の力を利用することとは、私たちが意識的に選択して実践することだ。その選択をするのは、人生のどんな瞬間でも、リーダーシップのどんな瞬間でも、私たち自身である。シャルル・ド・ゴールはこう言っている。「危機に瀕したとき、人格を備えた者は自分自身を頼りにする」。おそらく最も人格的なアメリカ大統領エイブラハム・リンカーンは、リーダーシップの難しさをよく知っていたのだろう。「およそほとんどの人物は逆境に耐えられるが、もしその人物の人格を試したければ、権力を与えてやるといい」。立ち止まって人格を鍛えよう。個人としても職業としても、来るべき瞬間に向けてそなえるために。

気力が満ちるまで待つ

私のよき友人で、コンサルタントでありベストセラー作家でもあるリチャード・ライダーは、毎年一ヶ月間リーダーたちと過ごす。東アフリカのタンザニアにある有名なセレンゲティ平原南部のエヤシ湖周辺まで出向き、そこに住む狩猟採集民族のハッツァ族と一緒にトレッキングをするのだ。ある年帰国した彼は、私に次のような話を語ってくれた。

アフリカの太陽は、その燃え盛る炎で空気中のほとんどの酸素を飲み込んでいた。すべてが熱と、埃と、汗にまみれていた。ゴールへと向かうため、次の目標地点には夕暮れまでにたどり着かなければならなかった。それは不可能ではないが、努力を要することだった。すると突然、ハッツァ族のガイドたちが座り込み動こうとしなくなった。少しの驚きと戸惑いまじりに、私は彼らのところまで行って尋ねた。

「何してるんですか？　進まなければならないのに」

平然と、部族のリーダーは落ち着き払って答えた。

「すみませんが、ここで一旦休憩しなければなりません。私たちの体に気力が満ちるまで。私たちは急いで進みすぎました。いまは、急がず立ち止まるべきです」

私たちは、しばしば急いで進みすぎる。ペースが早すぎて、自身の奥底でゆっくり流れる重要なもの――自身の価値観、信念、原則、そして根本的な性格――が保てなかったり、「追いつかなく」なっていないだろうか？

自身の奥底にある価値観を知る

少し前に、私が出会ったなかでも指折りの、優秀でパワフルでクリエイティブな世界的CEOのコーチングをした。彼はほとんどすべての面で並外れていた。戦略的で、革新的で、情熱的だった。

同時に、私が出会ったなかで最も気性の荒いリーダーのひとりでもあった。知らず知らずのうちに、彼は短気になり周囲の人々を遠ざけていた。結果、周囲の人々は彼のそばにいることに怯え、ためらうようになった。周囲の怯えやためらいはさらに彼を短気にし、ストレスとフラストレーションを増幅させたばかりか、より一層厳しい振る舞いをとらせた。こうした状況を解決するために、立ち止まることが必要だった。数ヶ月にわたるコーチングの結果、私たちはより明確な全体像を掴むことができた。ある心が痛むセッションで、私は一時間ほどかけて彼を問い詰めた。

「あなたの本心とはいったい何なのか？　結果を求めて人々を駆り立てることが本当にやりたいことなのか？　自分の何が人々の記憶に残ってほしいと思っているのか？　いまの情熱や原動力はどこから来ている？　一番大事にしているものは何？」

彼はすっかり口をつぐみ、深く、深く立ち止まった……そして口をひらいた。

「私が一番大切にしているのは愛です。私が何にもまして人生を捧げたいと思っているのは、愛です」

私は椅子から転げ落ちそうになった。愛なんて！　そんな言葉が出てくるとは想像すらしていなかった。彼を試すため、私はこう返答した。

「愛だって？　周りはあなたのことを愛情あふれる人だと言うだろうか？」

彼はしばらく考えてから言った。

「たぶん仕事の仲間は言わないでしょう。でも家族は、私がとても愛情にあふれていて、家族に熱心に奉仕していると言うはずです」

彼は典型的なリーダーの落とし穴にはまっていた。前へ前へと進むうちに、最もかけがえのない大切な宝物のひとつを置き去りにしていた。それは、人との深いつながりである。彼の名誉のために言っておくが、彼は時間をかけて、勇気を持って一歩引き、この偉大な宝物を取り戻し、より充実した、より人間的なリーダーシップをとれるようになった。

武田薬品工業のミレニアム・ファーマシューティカルズの元CEOデボラ・ダンサイアは、特に危機的な状況下において、チームとともに立ち止まることの重要性をはっきりと自覚している。彼女は言う。

「組織の価値観があらかじめ共有されていることが大切です。そうすれば、時間を無駄にすることがありません」

その例として、アメリカ国外で数本の薬瓶からほとんど目に見えない粒子が発見されたときのことを語ってくれた。彼女とそのチームは、クレームの来ていないアメリカ国内で、この薬を自主回収するかどうかを決断しなければならなかった。彼女は言う。

「私たちの価値観は明確でした。患者の安全が第一。品質とコンプライアンスが第二。企業の評判が第三。製品の安全性に関わる問題のときは、いくらお金がかかろうと気にしません。私たちの仕事は患者の安全を守り、効果的な治療を提供し続けることでした。そこに妥協は一切ありません。こうした価値観が、何かを決断する際の後押しになりました」

こうした意思統一のもとに、全員が同じテーブルに集まって、状況を検討し、問いかけ、耳を傾け、情報を集めるために立ち止まる。そして判断を急がない。彼女は徹底的に調査した。

「『専門家の意見は？　その結論に至った過程を教えて。その懸念はどこから来るか教えて』という問いを投げかけました。こういう風に問題を検討するのは基本的なことです。全員が事実を共有していました。それによって一体感が生まれ、優先順位も決まってくるのです」

マネジャーは、迅速な意思決定に誇りを持つ。リーダーは、価値観や目的意識が伴った、よりしっかりとした思慮深い意思決定を下すには、ペースを落とすのが重要であることを知っている。

自身の奥底にある価値観を見定めるために立ち止まり、その価値観をリーダーシップのあらゆる領域に適用することは、全人的リーダーとして成長するうえで最も重要な点かもしれない。ウォレン・ベニスも言う。「リーダーは人々に何が大事かを気づかせる」。しかし、人々に気づかせるには、まず自分の心や直感のなかで何が一番大事かを知らなければならない。リーダーとしての拠り所は？　これだけは確かだと言えることは？　特権的でもありトラウマにも満ちたその人生は、何が大切だと教えてくれた？　自己認識を得るために、私たちは立ち止まり、人格の奥深くにある価値創造的な領域を知る必要がある。

アルバート・アインシュタインはそのことをよく理解していた。「成功者になろうとするのではなく、価値のある人間になるよう努めよ」。

立ち止まるポイント⑧

価値観を明確にする

一歩引いてみよう。深呼吸しよう。立ち止まり、次の質問に答える時間をとろう。問うことは立ち止まることだということを忘れずに。自分の理想や展望を振り返ろう……あなたは何を一番大切にしているだろうか。

- あなたが一番大切にしているものは何だろうか。
- あなたに一番エネルギーを与えてくれるものは何だろうか。
- 何のためなら自分を尽くすことができるだろうか。それはなぜだろうか。
- 自分の価値観を置き去りにしないよう、いつどのタイミングでペースを落とせばいいだろうか。

○何を失ったときに一番打撃を受けただろうか。何が一番大切だと感じただろうか。
○あなたが変えようと願う世界のなかで何が悩みの種だろう。それはなぜだろうか。

目的意識はリーダーシップの栄養源

目的意識を得るために立ち止まることは、リーダーシップに欠かせない革新的な力となる。目的意識が得られれば、リーダーは自己中心的ではなく奉仕的になり、成功ではなく意義を目指すようになる。目的意識は、リーダーの心と精神の栄養となる。

日々の生活のなかで埃に埋もれた精神を引き上げることが
リーダーシップの秘訣である。
そして目的意識は、マネジメントという下地に積もった埃を振り払い、
リーダーの意義や奉仕の精神といったさまざまな模様を浮かび上がらせる。

目的意識を得るために立ち止まることは、価値を創造し永続的なパフォーマンスをする

ための準備として、リーダーが行うべき最も重要な実践のひとつである。

スティーブ・ジョブズは、ビジネスにおいても文化においても、紛れもなくイノベーションの象徴だと見なされている。私は、彼のことを目的意識の象徴だと思っている。何が彼のイノベーションをもたらしたのだろう？　彼の原動力とは何だったのだろう？　伝記を書いたウォルター・アイザックソンによるインタビューや、ジョブズのことを知る人たちの記事を見ると、どれほど彼が美や美学に突き動かされていたかがわかる。禅にヒントを得た徹底的にシンプルで徹底的にエレガントなものへのこだわりは、至る所に貫かれていた。

彼は、テクノロジーと人間に架け橋を作る、根っからのアーティストだった。彼が生み出したもの――製品、サービス、あるいはイノベーション――にはすべて人間との深いつながりがあり、そのことが徹底したユーザー体験の向上をもたらした。

あそこまで人間のことが考えられた人間のためのデバイスを、アーティストの他に誰が作ることができただろう？　アップルの共同設立者スティーブ・ウォズニアックのほうが親切で優しくて、技術的にも優れた人間かもしれないが、ジョブズに匹敵するほどの美に対する情熱は持っていなかった。ジョブズは技術的には劣り、強硬な態度だったが、彼はイノベーションによって、美学を体現した。そして、ほとんどの人が気づかないか実現不可能だと思っていたその美学は、消費者たちへの感情的なつながりを伴って体現された。

スティーブ・ジョブズは、すべてのものと人に（良くも悪くも）最高を求めた。ときにその基準は、不可能なほど高かった。「宇宙に痕跡を残す」という彼の目的は、美やエレガンスや本質を求める「アーティストの理想」に突き動かされていた。ジョブズが活躍したのは、人間とテクノロジーが、そしてアートと科学が交差する場所だった。彼のビジョン、希望、慧眼、美的感覚はテクノロジーを通して人間に捧げられた。彼は情熱と目的意識を持って世界を変えた。

ジョブズの目的意識は、厳しい闘病生活でも衰えなかった。死期の近づいた集中治療室でも、彼はメモ帳を欲しがった。そして病院のベッドにｉＰａｄを固定する装置の絵を書いたり、流体モニターやX線撮影装置をデザインし直したりしていた。ジョブズの目的意識、価値創造につながる違いを生み出そうとする思いは、最後の最後まであふれ出て、その発露を求めていた。

人生は遅かれ早かれある段階で終わりを迎えるが、
人生の過程や、そこに込められた意味は――その人の目的意識は――生き続ける。

目的意識の源泉

最近、ローラ・カレットはアメリカ北東部で四代続く百億ドル規模の食品小売業ジャイアント・イーグル社のＣＥＯになった。ジャイアント・イーグルは、長い繁栄の歴史を持ち、その価値創造システムは強いコミュニティ意識に支えられている。また、前ＣＥＯのデイヴィッド・シャピラは優れた創造性、革新性、そして先見性を備えていることで評判だった。会社は代々子孫に受け継がれている。ローラは家業から離れたところでキャリアを築こうとしていたが、Ｐ＆Ｇやサラ・リー社で活躍した後、最終的に家業を継ぐことに同意した。

ローラは、他社で培ったマーケティング、ブランディング、商品開発の経験を活かして組織を次のレベルへと押し上げようとしている。彼女は、自分のＣＥＯ就任が、うまくいっている点とうまくいっていない点を知るために、立ち止まり内省するいい機会になると気づいていた。そしてそうやって立ち止まることこそ、自分と父親との違いであり、おそらく最も役に立つことだと気づき、次のように考えた。

「会社を育て貢献するために、どの部分を残しておこう？　私がもたらせる新しいものはなんだろう？」

彼女は言う。

「古いレンズで見るだけではだめです。新しいレンズで見なければいけません」

ローラは、小売業は性質的にとても受け身になりがちだと説明してくれた。いつ何時でも起こり得るさまざまな事態に対処することに慣れている。それはこの業界のあらゆる面でうまく機能しているが、ローラはジャイアント・イーグルに、より強固な戦略チーム、人材育成のプロセスを導入することを決めた。より長期的な視点で考える力と、戦略を立てる力を育てようとした。それには強い決意と忍耐と執念が必要だったが、シニアチームを現場から一旦遠ざけ、徹底的に問いかけるために立ち止まりの法則を採用した。そうすることで彼らが重要な問題に立ち向かい、よりオープンで協力的になり、長期的な視点で考え……大切なことに取り組めるように。コーチングの期間中、ローラはより深く耳を傾け、情報を吸収し、受け身でなくもっと思慮に富み能動的になるために立ち止まることを学んだ。彼女はいま、それを三万五千人の仲間（従業員）の組織文化に浸透させようと努力を続けている。

しかしながら、彼女が最も熱心に取り組んだのは、組織および彼女自身の目的意識とミッションを「人生の価値」によって高めることだった。それはヨガのトレーニングから着想を得たものだった。ヨガのレッスンでは、「ナマステ」という言葉が締めくくりに使われていた。「ナマステ」はここでは、自分への、講師への、グループへの敬意を示す表現である。これがローラの心の琴線に触れた。すべての人間は尊敬に値すると心から信じるようになった。彼女は「時に小さく、時に大きく世界を変える手段としてのリーダーシップという才能」を開花させた。彼女は「すべての人に敬意を持つ」という価値観を企業文化のなかで体現するだけでなく、関わるすべての人々——従業員、顧客、仕入先、店舗が持つコミュニティにも敬意を払った。この意義ある方針転換によって、ローラはより強固な、よりリーダーらしい基盤を固め、同僚を、顧客を、自分自身を活性化させた。献身、自己点検、そして立ち止まることを通じて、ローラはいまでは家業を引き継ぎながらも独自色を出し始めている。目的を明確にするために時間をとり、一歩引いて新たな強みと信念とともに先へ進むことは、組織の、そして人生のリーダーとして最も重要なことのひとつである。

目的意識への道筋は、立ち止まるというコンパスによって示される。目的意識を持つということは、自分自身の内に「進むべき道、望むべき目標」を持つことだとブライアント・マクギルは書いている。探検家が道をそれないために時折立ち止まり方角を確認するように、リーダーも危機的な状況のときだけでなく、定期的に一歩引き、進んでいる道をミッションと目的意識という観点から点検する必要がある。

組織のミッションを明確にするために立ち止まるのは、これもまた困難なことではあるが、個人のミッションや核《コア》・となる目的《パーパス》意識を明確にするよりは簡単なことだ。個人の核となる目的意識を得るには、再三にわたって立ち止まることが必要とされる。核となる目的意識を持ち、つねに明確にしておくことはリーダーと企業にとって有益なことである。目的意識を明確にしておくと、次のような効果が得られる。

○自己認識が強化され、貢献度が高まる。

○情熱的な声に力を与えてくれる。周囲は何のために戦っているのかを知る。
○目的意識を伴ったリーダーシップには奉仕の精神が必要だと再認識させてくれる。そのことが、価値を創造し、価値に奉仕する精神へといざなう。
○いつ事態に全力をつくし、いつ一歩引いて他人を引き立てればいいかがわかる。
○いつためらいなく邁進する必要があるか、またいつ立ち止まって、現在の行動の目的や、それがもたらすインパクトや学びを明確にすればいいかを知る枠組みをもたらしてくれる。

リーダーたちが核となる目的意識を持ち、それを明確にするというプロセスは、リーダーシップ育成において見逃されてきたことだ。目的意識を持たないリーダーは、単なる優秀な能力の集積でしかなく、潜在的なエネルギーに火がつけられるのを待っている美しい木材の束と同じである。

核となる目的意識とは一体何か？

リーダーたちは才能の欠如によって失敗するのではない。成功するか失敗するかは、主に人格や価値観や目的意識にかかっている。核となる目的意識とは、リーダーの核となる長所と価値観が高い次元で交わっている状態のことである。核となる目的意識は、リーダーの自己認識や全人格が現れ、最も大切なものに奉仕する能力を与えてくれるリーダーシップの核心である。

自分の良い部分が最大限に発揮されているときのことを想像してみればいい。あなたは自分が一番情熱を持っているものに取り組み、貢献している。それが核となる目的意識だ。立ち止まって思い出してみよう。エネルギーが満ちていたときのこと、何に貢献しているかが明確だったときのこと、価値創造の効果が最大になっていたときのことを。それが核となる目的意識だ。**核となる目的意識は火がついた魂であり、前向きな変革をもたらす。**

それは「私」思考のリーダーシップと「私たち」思考のリーダーシップの良いところが集まった点のことである。「私」思考の長所が、より尊いもの――より大きな「私たち」――からの要請に積極的に応えている状態だ。人は、それぞれの長所や知識や専門技術や能力を活かして自分より大きなものに貢献する。目的意識はリーダーに情熱を与え、エネルギーを奮い立たせ、そこから生まれたものが世界に影響を与える。

スターバックスのCEOで『スターバックス再生物語』(月沢李歌子訳、徳間書店、二〇一一年)の著者ハワード・シュルツは、会社への深い愛とそこに勤める人々への責任感が彼の核にあると言う。「人々は、もしそれを信じるなら、自分より大きなものに貢献しようとする。当然、そこには真正さと信頼に基づいた感情的なつながりがなければいけない」。

一体何のためなのだろう？

典型的な「中年の危機」は、やりがいがなければ、自分の力で勝ち取った成功や能力も不十分だと気づき、大きな苦しみを抱くことで起こる。それはまさに、自分の長所がより大きなものに奉仕してこなかったのではないかという不安を引き起こす気づきである。結果、「これで全部？　私がやってきたのは、一体何のためなのだろう？」と自分に問うことになる。**人の奥底にある欲望、人の最大の幸せは、自分と自分の才能をより大きく、より大切なものに捧げることで満たされる。**

多くのリーダーたちは、より大きなもの、私たちの外側にある願い――プロジェクトや戦略や目標――に人々をつなげることの価値を知っている。しかしながら、人々をより大きな目的に駆り立てるには、まず自分自身から始めなければならない。人々を駆り立てるには、まず自分が駆り立てられていなければならない。自分自身の核となる才能、価値観、貢献心を明確にし、自分の心に火をつけ、目的意識を結晶化させなければならない。

核となる目的意識とは、立ち止まり、内省し、明確さを育てる人生をかけた旅なのである。核は変わらないが、訓練をすることでその明確性や有用性を増すことができる。何年もかけて、私は自分の核となる目的意識を言語化しようとしてきた。最初は、ミッションや展望や貢献が入り混ざった長く複雑な理論だった。多くの原理を適用し、多くの情熱を注いだが、それは煩雑で冗長だった。額に入った言葉のようで、生きて呼吸をする言葉ではなかった。私はそこに命を吹き込みたかった。長い時間をかけ、じっくりと内省し、言葉を削ぎ落としていった。「人としてのあり方、情熱、そして目的意識を使って成長を誘発させろ」から「成長を誘発させろ」へ。そして「成長」へと。成長は決定的に重要なテーマだ。自分自身にも、他者にもそれを願っている。成長は、私が本を書く理由である。成長は、私が誰と親しくし、誰と働き、何を読み、どこで休暇をとるかという選択に影響を与えている。そしてもちろん、引退するつもりのない一生の仕事にも影響を与えている。成長は、私の人生の物語に埋め込まれた筋書きである。あなたの核となる目的意識は何だろう?

立ち止まるポイント⑨

目的意識を抽出する

大好きな場所に行こう。一番リラックスできる方法を見つけよう。人生のなかで最もエネルギーにあふれ、充実していたときのことを振り返ってみよう。それから、こう問いかけてみよう。

- どの長所が発揮されているだろうか。何に貢献しているだろうか。
- 周囲にどのような影響を与えているだろうか。何に奉仕しているだろうか。
- 周囲はあなたの長所や価値観や貢献について何と言っているだろうか。
- 何に情熱を持って貢献しているだろうか。
- 人生を貫くどのようなテーマを窺い知ることができるだろうか。長所を貫くテーマは？　価値観を貫くテーマは？
- あなたが小説の主人公だったとして、その小説の物語の内容やテーマは何だろうか。あなたは物語にどんな価値を加えているだろうか。才能や長所や貢献は周囲にどう影響を与えているだろうか。
- 決して諦めたくないもの――貢献しなければならない、あるいは貢献したいと願うもの――は何だろうか。

こうした立ち止まるポイントに、何度も戻ってこよう。そうすることで、核となる目的意識をしっかりと抽出しよう。

私の情熱と人生のテーマは「成長」にあるため、自分の能力が成長に貢献しているときは、エネルギーが高まる。自分の才能も、自分より大きな何か大切なものに捧げられている。そして私が思うに、この目的意識という糸は、人生のあらゆる経験や貢献と相まって意味を織りなす。私の例で言えば、家族の歴史、精神修養、進路の選択、重要な人間関係、人生の大事件、リーダーシップ育成のキャリアなどはすべて、成長というずっと一貫したテーマを軸にして形成されている。このテーマから離れ、自分や他人の個人的あるいはプロフェッショナルな領域での成長に関与しないとなると、私のエネルギーは減少し、苦しみは増加し、貢献度も低下する。自分のテーマに関心を持ち続け、核となる目的意識と合致しているかどうかを確認することで、真のリーダーシップをとれているかどうか、その都度一瞬一瞬、リアルタイムに評価できる。

立ち止まるポイント⑩

目的意識に合致しているか確認する

核となる目的意識と合致するため、そしてリーダーシップを強化するために立ち止まる方法をいくつか挙げておこう。

- 自身や周囲のエネルギーが高まっているときに立ち止まって観察しよう。そういうときに立ち止まれば、発揮されている長所や価値観を知ることができる。
- 自身や周囲のエネルギーが低下しているときに立ち止まり、核となる目的意識との調和がとれていないことを知ろう。長所を酷使しすぎていたり、価値観が行動を通じて伝わっていない、あるいは体現できていないことに気づこう。
- 一旦核となる目的意識を掴んだら、それがいまの自分と合致しているか、一から十で点数をつけよう（下図）。
- リーダーとしての声が力強く説得力を持っているときに立ち止まろう。才能や情熱がリーダーシップを確かなものにし、人格がリーダーとしての振る舞いを支えているという、価値創造的な瞬間に自覚的になろう。
- 定期的に立ち止まり、核となる目的意識を点検し、磨きを

核となる目的意識と自分の合致

現在のポジションとの合致	＝	＿＿＿＿＿＿
現在のチームとの合致	＝	＿＿＿＿＿＿
過去のポジションとの合致	＝	＿＿＿＿＿＿
家族や配偶者との合致	＝	＿＿＿＿＿＿
友人たちとの合致	＝	＿＿＿＿＿＿
コミュニティとの合致	＝	＿＿＿＿＿＿
自分自身との合致*	＝	＿＿＿＿＿＿

*これは客観的に向き合うことが一番難しいものである。この問いを心にとどめておこう。「どれくらい核となる目的意識を自分に適用できているだろう？」

かけ、アップデートして、理解と成長を促進しよう。

○ミーティングの最中、「いま自分は核となる目的意識と合致しているだろうか」と、立ち止まって自分自身に問いかけよう。

目的意識を持つために一歩引く時間をとろう。そうすることで、リーダーシップの可能性は広がる。アルフレッド・ホワイトヘッドは次のように言っている。「われわれの頭は有限だが、有限の状況でさえ、無限の可能性に取りまかれており、人生の目標は、この無限からできるだけ多くのものをつかむことだ」。

回復するために立ち止まる——仮眠のススメ

リーダーたちは、やることがありすぎてほとんど休息がない。瞑想したり、エクササイズをしたり、仮眠をとったり、充分な睡眠をとって回復のために立ち止まることは大切だ。二十四時間接続された世の中で、世界中を飛び回り、時差ぼけになり、不規則な食生活や運動習慣になり、充分な休暇もとれないままリーダーたちが生き延びているのは驚くべきことである。社長室の外側にある、舞台裏の眺めは、決していいものではない。健康問題や人間関係のストレス、そして疲労がはびこっている。毎日、毎週、毎四半期、回復するためにはどうすればいい？

毎日三十分、週五回の散歩をするだけでも大きな変化になり得る。脳由来神経栄養因子（ＢＤＮＦ）を刺激するからだ。この因子は、学習に効果のある新しい神経細胞やシナプス形成を促進する。イリノイ大学アーバナ・シャンペーン校の科学者たちは、運動によって脳の灰白質が増加すると示した。灰白質は、新しい情報を処理し、それを保存するために前頭前皮質へと送る領域だ。運動のために立ち止まることは、文字通り人の学習能力と脳の働きを向上させるのである。

仮眠も、多くの人にとってめざましい回復の機会となる。ナイキや、グーグルなどのシリコンバレー企業の多くは、従業員に「仮眠ルーム」を提供している。私たちのオフィスでは、それを「健康ルーム」と呼んでいる。私はそこへ行き、電気を消して、十五分から二十分で新しい人間に生まれ変わる。二〇一〇年の研究で、マシュー・ウォーカーとカリフォルニア大学バークレー校の同僚たちは、仮眠が脳の働きを回復させるばかりか向上させることを突き止めた。「起き続けている人には記憶力の低下が見られるが、仮眠は記憶力を回復させるだけでなく、仮眠前よりも高いレベルに引き上げる」。

あなたが毎日回復するために立ち止まる時間をとるなら、何をする？　いつ始める？

超越するために立ち止まる——本質を掴む

ある大きなビジネススクールから、総合的なリーダーシップへの視座を作り上げるべく協力を要請された。それは光栄なことで、私は進んで引き受けた。しかし、七十人の教授たちと一時間ほど同席し、彼らの多くが「私の研究が一番だ」という態度で火花を散らしているのを目にして、私はもう切り上げて家に帰りたくなった。それでも私は思いとどまった。好奇心が勝り、驚くべきことに数時間後には、非常に具体的で包括的なモデルで合意するに至った。満足感と爽快感が部屋に満ちていた。やり切ったと思っていたとき、もの静かな一人の教授が立ち上がって言った。

「あらゆる能力——ビジョン、戦略、学習能力、協調性、チームの効率性、人格、心の知能指数——を兼ね備えたこのリーダーシップのモデルはそれはそれで素晴らしいのですが、本質的なことを見失っています」

おわかりの通り、数時間の作業を経てやり切ったと思っていたときのことだったので、多くの仲間が少しのいら立ちを感じた。不満の声や視線の固まりが彼に向けられた。他の人々同様、関心を持った私は言った。

「何を見落としていると言うんです？　それに、あなたの同僚たちの反応から察するに、これ以上の提案はないと思うのですが」

彼は言った。

「リーダーシップの本質は超越です」

部屋はさらにざわついた。

――超越ねえ。彼は何を考えてるんだ？――

私たちは不満を抱いたままだったが、彼は続けた。

「マネジャーは、いまここにあるものを改善します。マネジャーは、いまここにあるものを一歩先へ進めます。ところがリーダーは、いまここにあるものを越えていく、あるいは超越する。それで、私たちのモデルのどこに『超越』があるのでしょう？」

彼の洞察を噛み締めて、部屋は静まり返った。彼はリーダーシップの本質を捉えていた。**マネジャーは効率的で生産的なやり取りを通して信頼を獲得する。リーダーは状況を一辺させる超越を通して未来を創造する。**

リーダーシップとは、その性質として、いまここにあるものを飛び越えていくものだ。偉大な戦略で導くためには、いまここにあるものを飛び越えなければならない。イノベーションを促進するには、いまの現実を超越しなければならない。自己リーダーシップを次のレベルへ押し上げるには、いまの自分の状況を飛び越えなければならない。

リーダーシップとは本来、領域を突破し続け、変化し続け、
没頭し続け、心を広げ続け、人格を育て続け、
目的を願い続けて超越するものである。

多くの人にとって、超越は高くそびえる、別世界の、ほとんど達成不可能な目標に感じられるかもしれない。しかし私は、超越はどこにでもあると思っている。どこにでもあるし、至るところでなされてもいる。組織のリーダーとして、人生のリーダーとして、私たちはつねに戦略や、人間関係や、人生を、新たな違った角度から眺めようと試みている。シャワーを浴びているときや、走っているとき、もしくは散歩をしているときに、予期せぬひらめきが舞い降りたことはないだろうか？ 超越の体験とはそういうものである。深い思索にふけり、周囲の耳障りな騒音がまったく聞こえなくなる時がないだろうか？ それが超越である。立ち止まり、自分の新たな一面を——長所や限界を——新たな視点から知ったことはないだろうか？ それが超越である。「アハ！」体験によって革新的なひらめきがもたらされたことはないだろうか？ それが超越である。

そうした瞬間のひらめきは大抵、長いあいだ奥底で温めていたアイデアからやって来る。アインシュタインの相対性理論には、十年にも及ぶ潜伏期間があった。初代マッキントッ

シュに搭載された美しいフォントの数々、いまでは私たちが当たり前のように使っているそうしたフォントの数々は、スティーブ・ジョブズがリード大学のカリグラフィの授業で学んだことを温め続けて生まれた。あらゆる分野の科学者たちが言うように、私たちの頭のなかのさまざまな領域にはそれぞれの思考や認識のプロセスがあるが、そのうちのいくつかは——より正確に言うとそのうちのほとんどは——無意識下に潜んでおり、深く立ち止まることで引き出され、まとめあげられる時を待っている。

自ら変化するか、変化を迫られるか

何年にもわたって、何とか現状を維持してきた組織やリーダーを想像してほしい……会社が変化の波に飲み込まれるのは時間の問題である。リーダー自身が目的を持った変化の波となり、絶え間ない超越を後押しする者でなくてはならない。そうせずに、リーダーが変化や超越の先導者でなかったら、市場の波に変化を迫られる。

　　リーダーシップはつねに、変化するか変化を迫られる。
　　超越をするか超越を迫られる。

この本の最終章「イノベーションを育む」では、組織の超越について検討する。この最終章は、現在から超越し、革新的な価値創造を生み、未来を実現する後押しとなる手段を提供するものだ。

超越するために深く立ち止まる

この章では、個人における超越について探求してきた。それはまさに立ち止まることそのものである。リーダーシップにおける自己認識、人格、そして目的意識を次のレベルへと成長させるために立ち止まること。これらの立ち止まりは「乗り越えること」、超越することにとって決定的に重要であるし、いわば「小さな立ち止まり」でもある。しかしながら、もうひとつ別の超越、もうひとつの立ち止まり方がある。それはより強力な、「深く立ち止まる」ことである。

「深く立ち止まる」とは、私たちの最も深いところ、人間としての、リーダーとしての本性に触れている状態を指す。歴史に残る賢人たちはそれを、「先験的意識」や「純粋意識」や「絶対」や「静止点」や「静寂そのもの」や「魂」や「本質」と呼んできた。物理学者たちは、複雑に絡み合うすべての生命と、存在するすべてのものを統合しようという、統一場理論の一部としてこれを研究している。瞑想の実践者たちは、それを「無我」や「存在状態」や「マインドフルネス」や「深層平和」と呼んでいる。

研究者たちによれば、それは一種独特な心と体の状態で、脳の働きが冴えわたり、体は深い睡眠の二倍以上も休まっている状態だと説明している。今日までに、超越瞑想（ＴＭ）についての研究は三十三カ国、二五〇以上の大学や医学校で六百以上行われてきた。その結果、脳の働きの向上、健康増進、血圧低下、創造性や学習能力の向上、高いレベルでの自己実現、などが達成されることがわかっている。その他にも、瞑想に関する目覚ましい研究が発表されてきた。世界中の多くの瞑想者たちは、ストレスや、高血圧や、慢性痛や、不眠症や、不安や、鬱病に対処し、集中力を増すためにマインドフルネスの瞑想を行っている。

科学者で、マサチューセッツ医科大学の「医学・ヘルスケア・社会に関するマインドフルネスセンター」の創設者で、マインドフルネス・ストレス低減法の提唱者として知られるジョン・カバット・ジンは、三十年以上にわたりマインドフルネスを推進してきたパイオニアである。ビル・モイヤーズと瞑想について対談したＰＢＳの番組「ヒーリング・オブ・ザ・マインド」シリーズのなかで、カバット・ジンは次のように語った。

人間には気づきと自己観察の力があるということを私たちは知っています。人は、一歩引いて、無意識に「私は、私の、私のもの」と考える思考プロセスに陥らない術を学んできました。何かが起こったとき、「ああ、こんなことといままで知らなかった」と言ったとしたら、それは自分の心と体の関係についての科学者になった証拠です。

自分の心と体の関係についての科学者になるとは、必ずしもそれらをコントロールするという意味ではありません……それはより知的に生きるということです。物事がより良く進むような決断をするようになるのです。

アブラハム・マズローは超越のために立ち止まることを、深い幸福と恍惚を伴った「至高体験」だと述べた。アスリートたちは、意識が覚醒すると同時に落ち着いていて、体はダイナミックで絶好のパフォーマンスを発揮し、周囲の動きがスローモーションのように感じられる瞬間のことを「ゾーン」と呼んでいる。心理学者のミハイ・チクセントミハイはこの最高の状態を「フロー」と名付けている。オットー・シャーマーやピーター・センゲらはこの深い立ち止まりを「プレゼンシング」と呼んでいる。プレゼンシングは、シャーマーのU理論のUの基盤をなし、イノベーションの源泉となり、それを育て、未来の可能性をひらくものとされている。

それでは、リーダーはこれをなんと呼ぶだろうか？　この深く立ち止まっている状態は、リーダーシップの語彙では何と呼ばれるだろう？　リーダーにとっては、どんな名前をつけようがあまり関係のないことかもしれない。彼らにとっては、リーダーとしてのパフォーマンスを向上させるために利用可能な知識そのもののほうがより重要だろう。この超越の状態は、リーダーをリフレッシュさせるだけでなく、思考を結晶化させ、回復力を増加させ、存在感を増し、混沌に平穏をもたらし、不測の事態に備えさせることによってリーダーに統合性と創造性をもたらす。この状態はまた、外見上の成功した自己像ではなく深い自己認識をもたらし、叡智に基づいた年長者の振る舞いに本質的な意味で導いてくれる。ジョン・カバット・ジンは超越についての考えを「内面風景」と言っている。

心と体の内面風景を探求することは、中国の道教や禅師たちが無為と呼ぶもので、真の瞑想の領域であり、それは何も、あるいはほとんど何もなされていないように見えるが、同時にすべてのことをなしていて、その結果、ひらかれた無為の境地が持つ不思議なエネルギーが、作為の世界で効果を持つ。

マネジャーはなす者であり、目標の追求のためにエネルギーや行動を費やすことがあまりにも多い。一方でリーダーは、全人的な人間になることを望み、奉仕の精神に基づいた目的意識を持って、自分自身や周囲を再構築するための新たな超越を求める。

一九八一年にノーベル賞を受賞したロジャー・スペリーの研究では、右脳のほうがより創造的で芸術的で直感的であり、左脳のほうがより分析的で論理的であるということを明らかにした。しかしながら、近年のより領域横断的な科学では、私たちの脳は完全に分かれているのではなく、「インテリジェントメモリ（知的記憶）」の働きによって、直感と分析が同時に脳全体で起こっているとしている。エリック・カンデル博士はブレンダ・ミルナー、ラリー・スクワイアとともに『ニューロン』誌に画期的な論文「認知神経科学と記憶の研究」を発表してこの新しい脳のモデルを示し、その功績によって二〇〇〇年にノーベル賞を受賞した。『「アハ！」体験はいかにして起こるか』（未邦訳／*How Aha! Really Happens*）のなかで、著者のウィリアム・ダガンはこの革新的な論文を引用して「お決まりの思考であれ新しい考えであれ、インテリジェントメモリが分析と直感を結びつけ、学んだり思い出したりしている」と説明した。私たちに時折起こる瞬間のひらめきや「アハ！」体験は、「別々のピースが新たなパターンで結びついた」結果なのである。

こうした脳の新たなモデルの発見や、fMRI（機能的MRI）による研究や、脳と思考についての領域横断的なアプローチによって、私たちは意識と無意識を知るようになった。『自分を知り、自分を変える』（村田光二訳、新曜社、二〇〇五年）の著者で、バージニア大学の心理学教授ティモシー・ウィルソンは、二〇一一年の「チャーリー・ローズの脳シリーズ」の「意識」の回で、意識を研究することで無意識について多く知ることができ、逆もまたしかりだと語った。議論を行った彼と、エリック・カンデル、ダニエル・ギルバート、パトリシア・チャーチランド、そしてその他の参加者たちは、脳のある部分の活動が停止したり低下したとき、他の部分の活動が活発になると意見を一致させた。

ダニエル・ピンクは著書『ハイ・コンセプト』（大前研一訳、三笠書房、二〇〇六年）のなかで、著書『脳の右側で描け』（北村孝一訳、エルテ出版、二〇〇二年）が有名なハーバード大学の美術講師ベティ・エドワーズの言葉を紹介している。「『見る』ための秘訣は、何でも知っているぞと理屈を振りまわして威張り散らしている左脳を鎮め、もの静かで柔らかな右脳にこの仕事をさせることだ」。

『自分を知り、自分を変える』でウィルソンは、「心は高次の洗練された思考を無意識に委ねることによって、最も効率的に働く。ちょうど現代のジャンボ旅行機が、人間というう『意識的』パイロットの手をほとんどあるいはまったく借りずに、自動操縦で飛ぶことができるのに似ている」と述べている。深く立ち止まることは、あらゆる領域の意識全体を活性化させるメカニズムであり、体系化やパターン認識以上のものをもたらし、脳の創造力を活性化させるものなのだ。

ネルソン・マンデラやマハトマ・ガンディーといった偉大なリーダーには、こうした超越の状態を見て取ることができる。彼らがそうした状態に深く入り込んでいるときは、周囲でどんなことが起こっても動じない。リーダーとして本当に厳しい状況に陥ったとき、あなたならどうするだろう？　愛する人、信頼できる助言者や友人に会いに行く？　エクササイズをしながら解決策を探る？　これらの選択肢は役に立つかもしれないが、最も深い部分での助言と……慰め？　祈り？　瞑想？　音楽？　を欲しいとき、あなたはどうするだろうか？　あらゆることが一気に襲ってくる生活のなかで、深く深く立ち止まってバランスをとることは、これまでになく重要になっている。国際的に活躍する気功師で春林気功の創始者チュンイー・リンは、私が知るなかで最も賢明な人物のひとりだが、その彼は私に次のように語った。

「深い静寂のなかで我々は偉大な力を得られます。深い静寂は我々に、普遍的な力と知識と創造性をもたらすのです。自分自身に深く潜り込み、人生のあらゆる面を変革するきっかけとしなさい。静寂の深みから、自分自身を、他人を、自分の人生をリードするのです」

イギリスの詩人バイロン卿も、次のように書いている。「魂もまた、休息のために立ち止まらなければならない」。

立ち止まるポイント⑪

深く立ち止まる

お気に入りの静かな場所に行こう。心地いい音楽をかけるのもいいだろう。もしくは、信仰や習慣があるのなら祈りの言葉を唱えるのもいいだろう。吸って、吐いて。呼吸を意識しよう。心を平穏に落ち着かせよう。どこにも行かない。何もすることはない。呼吸しよう……吸って、吐いて。空に流れる雲を眺めるように、自分の思考を観察しよう。やって来ては去っていく。呼吸しよう……吸って、吐いて。何も期待せずリラックスして心を広げ、時間も気にせず、ここ以外ないというところまで心を深く沈めよう。リラックスして、あるがままになろう。不安や恐れを感じるなら、それを映画のワンシーンのように眺めよう。やって来ては去っていくのを見ていよう。もし大きな不安がやって来たときは、固くなった体に気づき、頭と心が落ち着いて体がほぐれるまでそのままにしておこう。呼吸をしよう。リラックスして観察しよう。深い休息、静寂、そして平穏を体験しよう。あるがままになろう。行動は後からついてくる。いまはただ、あるがままに。十分から二十分……時間をとったら……ゆっくりと目を開けよう。指を動かし、首を回し、肩を上下して、ストレッチしよう。そして、深呼吸をしよう。

- 気づいたことはあっただろうか。
- 思考、不安、深み、安息のサイクルを観察することはできただろうか。
- いまどんな気分だろうか。
- 深く休まる瞬間はあっただろうか。
- こんな風にリラックスして深くつながるために、いまより頻繁に立ち止まることは可能だろうか。

○深く立ち止まることを知って、良かったことは何だろうか。それはあなたを人として強くするものだろうか。リーダーとして強くするものだろうか。

こうした類いの深い立ち止まりを習慣化することが、生成的な効果を増すための鍵になる。より頻繁かつ定期的に行えば行うほど、その効果を実感することができるだろう。何らかの理由で軸がぶれたときも、より早く軸を取り戻し、地に足をつけることができるだろう。瞑想は深くつながるための素晴らしい方法ではあるが、方法は他にもたくさんある。刺激的な読書、音楽の鑑賞や演奏、自然のなかの散歩、太極拳や気功やヨガの練習、そして祈り。ポイントは、この瞬間に気を払い、耳を傾け、注意を注ぐこと。自分に一番適した深く立ち止まる方法を見つけ、定期的に実践し、自己リーダーシップを強化することが重要だ。深く立ち止まり、力強く導こう。

先へ進むために一歩引く
――自己を育む七つの実践

実践①　目的意識を持つ

目的意識は、核となる才能と価値観が交わる場所に生まれ、価値創造とパフォーマンスを高めるものだ。目的意識を持つために立ち止まることは、自己リーダーシップの成長に文脈を、やりがいを、展望を与える。時間をとって、自分の核となる才能や価値観、そしてどの点で意味ある違いを生みたいかを見極めよう。**マネジャーは結果を出すためにシステムやプロセスをコントロールする。リーダーは革新的な成長を遂げるためにやりがいや目的意識を育てる。**

実践②　問いかけ、耳を傾ける

しっかりと問い、深く耳を傾けることで自己認識や自己形成を促進させよう。深く問いかけ、深く耳を傾けることは、内省、洞察、成長、力強い行動にとっての二大要素である。日々時間をとって、人生についての、望むべく未来についての深く一貫した問いを自分自身に投げかけよう。それから一歩引いて、自分の内なる声に、ためらいに、洞察に、耳を傾けよう。物事が明確になったら、もう一度問い、耳を傾け、洞察しよう。深く問い、深く立ち止まることを通して、ペースを落とし、心のわずかな動きにも深く耳を傾ける方法を学ぼう。

実践③　挑戦するリスクをとる

リスクとは新たな行動を「試してみること」だ。当たり前だと思っていたことにもっと感謝し、成功を祝い、貢献を認識しよう。自分のなかに何が見える？　周りの人のなかには？　リスクは、自分の奥深くにある、真の自分を映し出す。挑戦して、学んで、修正して、また挑戦する。新しい自分のあり方と、他人に奉仕し、価値を創造し、目的意識に合致した振る舞いを見つけよう。不断に学び続け、新しい振る舞いと役割を追求していこう。

実践④　内省し、統合する

一日の初めか終わりに、十分から十五分かけてその日の出来事や問題、気持ちや心配事を整理しよう。何が起こった？　何がうまくいった？　何がうまくいかなかった？　何を学んだ？　とても複雑だったり難しい状況に直面しているときは、さらに時間をとろう。他人から学ぼう。厳しい状況への違った見方を整理してみよう。

「自分の最も尊敬する人がこの状況に直面していたら、どうするだろう？　目的に忠実に生きている自分なら、どうするだろう？」。内省し統合することで、日々自分を試そう。そして明確さを高めよう。

実践⑤　内側から外側へ、外側から内側への力に目を向ける

奥底にある自分自身は、外側に他人と築き上げたつながりやコミュニティと、内側に内省によって築いた精神の両面から最もよく照らし出される。自分が思う自分と、周りが思う自分にあるギャップや重複部分を一歩引いて検討してみよう。自分が思う長所は、彼らも長所だと思っているか？　彼らが思う短所は、自分も短所だと思っているか？　立ち止まって、自己認識と周りの認識の相違点を調和させよう。真のリーダーシップに必要な自己認識へ至るには、こうしたことを整理するためにオープンでなければいけない。年に一度三六〇度評価をし、真の意味で長所を認識したり改善に取り組もう。包括的な成長プランを作るために立ち止まろう。

実践⑥　生成力を育てる

生成力とは、他者や次世代の成長を促す力のことである。しかし、これは自分自身にも適用できる。あなたは自分自身に対する生成力を持っているだろうか？

新しい未来の、「次の世代」の自分に向けて、準備をしているだろうか？　次のように自分に問いかけて、生成力を振り返ってみるといい。仕事を通じた貢献の次のステージは何だろう？　自分の、そして家族の人生の次のステージは何だろう？　どのような人間として覚えていてほしいだろう？　八十歳の誕生日だったとして、人々から何で感謝されたいだろう？　自分自身に対する生成力を持とう。そうすれば、自己革新や自己改革につながる。

実践⑦　真正なリーダーになる

真正さほど自己リーダーシップを測る尺度として最適なものはない。本当の、真の、偽りのないリーダーは、オープンで信頼に満ち、協働的で高いパフォーマンスを生む環境を作り上げる。現代のビジネス界には、真正さに欠けたリーダーや組織があふれている。情報が次から次へと流れていくなかで、リーダーが信頼を保ち続ける唯一の方法は、できるだけ真正な自分でいることだ。時間をとって、自分の振る舞いの真正さを検討しよう。周りに知ってもらう必要がある自分自身を本当に出せただろうか？　本当に自分の価値観や目的意識に忠実だっただろうか？　自制しすぎではなかっただろうか？　自分の脆さをかけてリスクをとることができただろうか？　そしてまた、時間をとって真の自己認識についても検討しよう。本当に自分の長所を知り、それを充分活かしているだろうか？　本当に自分の短所を理解しているだろうか？　そうした長所や短所を、自分や他人に素直に認める勇気はあるだろうか？　真正さを強化し深めるために立ち止まれば、信頼性とリーダーとしての説得力は高まっていくだろう。

立ち止まるポイント⑫
理想のリーダーシップを思い描く

目的意識をしっかりと持ち、ミッションに生きている。情熱と影響力と人格を兼ね備えている。自分のことをよく認識し、長所についても短所についても迷いがない。深い自己認識に根ざした二本の足でしっかり立っている。自分を知り、自分を受け入れ、次のレベルへ成長したいと願っている。この世界でどのような違いを生みたいかを把握し、それを実行する役割を担っている。自分の人格の特性をはっきりと知り、ほとんどのときはそれを体現している。立ち止まって、これらの問いを振り返ってみよう。

- この自己像をどう感じるだろうか。
- いまのあなたはこの像にどれくらい近いだろうか。
- そこにたどり着くにはどのような行動が必要だろうか。
- この像に近づくために、今日から始められることは何だろうか。

第３章　他者を育む

いたわりと励ましのバランスをとる

エグゼクティブへのコーチングを始めたころ、ヴィンス・ロンバルディが率いたスーパーボウルのチャンピオンチーム、グリーンベイ・パッカーズの元選手たちに助言をするという幸運に恵まれた。この伝説的チームは、アメリカンフットボールの歴史上最も優れたチームのひとつとして広く知られている。私がコーチングした元選手たちはすでにビジネス界に転身していたが、ロンバルディの影響は、彼らの人生とリーダーシップに色濃く残っていた。

ロンバルディは、神格化され、人使いの荒い、厳しい監督だと私は思っていた。しかしそれは、この監督の人柄、それぞれの選手をそれぞれの心の込もったやり方で育てようという情熱を知らなかったからだった。元選手たちが、異口同音にロンバルディへの似たような気持ちを語ったことは私を驚かせた。

「家族以外の誰かにこんなに愛されたのは初めてだ。彼は僕らのためなら何でもやってくれるってみんな知ってたんだ……本当に何でもね。この男のためならどんな困難も乗り越えようと思ったよ」

ロンバルディ監督は選手たちの才能を最大限に引き出すことに成功したが、それは熱心な励ましと熱心ないたわりとのバランスがとれていたからである。彼は選手たちに尊敬とやる気を芽生えさせ、彼らにいたわりを持って接した。**人々が、リーダーにはいたわりがあり、自分たちのためにいてくれると知ったとき、偉大なことが可能になる。**

この深くつながった、ＥＱに基づくリーダーシップを「いたわりの率直さ」と呼ぶ人もいる。リーダーが周りをいたわり、コミットしていると人々が感じたときに初めて、リーダーとしての、そして人材育成者としての影響力が最大になる。そして、そうなって初めて、周りに高い要求をし、持続的なやる気を起こさせ、全能力を発揮するよう励ますことが可能になる。「愛」という言葉をビジネスの文脈で使うのはふさわしくないかもしれないが、他者を育てるというのは革新的で目的意識にあふれた行いであり、永続的な活力を与え成果を生むために「愛」の力が必要になる。

結局のところ、持続的なリーダーシップや組織の成功の真のものさしは、売上高でも利益の額でもない。
リーダーシップの真のものさしは人格であり、
リーダーや組織が生み出す人間の質である。

各選手との深い心のつながりは、それぞれの目的意識を高めることをロンバルディは知っていた。より大きなものへのつながり……より高い、よりチームを意識した目的意識が生まれることを知っていた。目的意識に基づいたつながりは、いわばリーダーシップの糊であり、個々人をつなぎ合わせ、一体感を生む。あるCEOは私に言った。

「我々は、仕事を愛しているときがどのようなものかを知っています。また、属する会社を愛しているとき、生み出す商品やサービスを愛しているとき、ともに働く人々を愛しているときがどのようなものかを知っています。このパワフルでエネルギッシュなつながりは、パフォーマンスを高め、より影響力を持った賢明なリーダーシップへと導きます。たいていい私たちは恥ずかしがりますが、愛と、リーダーシップと、高いパフォーマンスは密接につながっているのです。実際、愛こそがそれらを深くつないで活性化させているのです」

しかしながら、多くのリーダーや組織は、人材へのいたわりを生むために立ち止まることをしない。『人材管理のすすめ』（児島修訳、辰巳出版、二〇一四年）の著者ラム・チャランとビル・コナティは次のように説明している。「もし、人材と同じようにぞんざいにカネを扱えば、企業は倒産するに違いない。カネの扱いには長けていても、リーダーの育成に同じようなプロセスを持つ企業はほとんどいない。そもそも、育成すべきリーダーが誰なのかさえ明確でない」。


マネジャーは人々をリソース（資源）であり、

カットすべきコストであり、最適化すべき資産だと捉える。
リーダーは人々をソース（源泉）であり、
エネルギーやイノベーションや目的を生み出す可能性を持った生成源だと捉える。

やりすぎない

この本の執筆中、私は中国のエグゼクティブのコーチングに取り組み、彼の目標である他者のリーダーシップを育てるための立ち止まりの実践を行っていた。彼は次のような鋭い洞察で私を驚かせた。

「ケヴィン、リーダーシップは魚を調理することに似ていますね。ある者は質の高い魚を選ぶのに時間をかける。ある者は魚をデリケートに扱う。でも一旦調理を始めたら、干渉しすぎないのが一番良いでしょう。コントロールしすぎたり、手を加えすぎたりしないことがとても重要なんです。調理を始めたら、一歩引き、一旦振り返り、終わりを待つのが一番良い。老荘思想でいう『無為』です。やることを確認する。やることをやる。干渉しすぎない。やることをやり、やりすぎなければ、結果はついて来るのです」

彼は深い人生の法則に気づき、彼の、そして私のリーダーシップの成長に大きな影響を与えた。他者を育てるには、特にポテンシャルの高い人材を育てるには、多くの場合やりすぎないほうがよいのだ。

少し前に、オフィスを訪ねてきたあるCEOを見て、私はすぐに思った。「彼は魚を調理しすぎている」。情熱的なセリフを区切るように机を叩く彼の拳の衝撃は、机と私を揺らした。「周りの人間も私のようにオ、ー、プ、ンであってほしいものだ」。バン！　バン！　彼は確かにオープンであることに情熱を燃やしていた！　オープンであることに情熱を燃やしていながらも、その行動はオープンではなかった。彼の振る舞いは、自分が正しいとオープンに主張しているだけだった。この部屋で一番賢く、議論を支配するのは自分だとオープンに主張しているだけだった。彼はオープンに批判的だった。しかし彼は、周囲に与える影響に関しては閉じていた。耳を傾けて協力的であることに閉じ、感情的にも閉じていた。処方箋は何だろうか？　立ち止まること……受け止めるものを増やし、押しつけるものを減らすために一歩引くことだ。包容力を増して干渉を減らすことだ。

数ヶ月をかけて、彼が口にする「オープンであること」への情熱と、その振る舞いを、合致させるために立ち止まる手助けをした。彼は自分自身とその支配的な振る舞いを、他者の視点を通して振り返った。彼が熱心だったこともあり、他者がどのように貢献しようとしているのか、立ち止まって耳を傾ける方法を学んだ。他者に問題解決の機会を与え、意見を述べる機会を与えるために立ち止まることを学んだ。気づきや、協働や、イノベーションを引き出すべく問いかけるために立ち止まる技術を習得した。自分の恐れや凝り固まった考えに向き合うために立ち止まった。自分自身や、他者や、クリエイティブなプロセスとのつながりを取り戻すために「映画の速度を落とす」技術を学んだ。真正な自分になり、自分自身と他者との関係に誠実であることで、リーダーとしての振る舞いや展望の全体像を書き直すために立ち止まった。自分自身と他者に対して正直になり、真正さを手に入れた。そのころにはもう、新たな生き方やリーダーシップのあり方を獲得し、本当の意味でオープンになった。彼の妻でさえその変化に気づき、私たちのオフィスに電話をかけてきて言った。

「何をしてるか知りませんが、その調子で続けてください！」

素晴らしい兆候である。リーダーとしての成長が人生のあらゆる面に浸透し始めると、ちょっとした情報や小手先の技術による表面的な変化とは比べものにならないほどのことが起こり始める。それが革新の真の兆候である。

しかし、彼の妻が熱の込もった応援の電話をかけてきた後でも、彼は自分に起こりつつある振る舞いの変化に、はっきりとは気づいていなかったようだ。

「何が起こってる？　チームが私に挑んでくるんだ。突然、周りから斬新なアイデアを持ってやって来る。彼らがこんなにエネルギーにあふれ、没頭し、オープンなのは初めてだ。私たちの文化のなかで、不思議な変化が起こっている気がする。これは何だろう？」

嬉しくなって、私は答えた。

「その『不思議な変化』はあなたのことですよ。あなたは立ち止まって、自分自身と周囲の人のなかに潜り込んだんです。あなたが自分のポテンシャルを解放したから、組織のポテンシャルも解放されたんです。あなたはオープンであることを求めていた。そしてそれを引き出すために立ち止まった。あなたはオープンになった。周りもいまでは、あなたの本物のリーダーシップに熱意を持って安心してついていくことができる。あなたは自分が周囲に求めていた人間になった。いまは周囲がそれに追いつこうと必死なんです」

立ち止まることは、個人と組織の革新の底にある最も根本的な過程である。リーダーに対する評価、フィードバック、育成、コーチング、すべてのものに立ち止まることは介在している。それが適切に行われれば、これらはすべて立ち止まりの実践だと言ってもいい。一歩引き、内省するという過程は、謙遜と勇気と自信を深める。そしてそれらは、オープンであることや、信頼や、互いへの尊敬によって支えられている。この豊饒な土台の上で一体となり、シナジーやイノベーションが生まれる。立ち止まることは、可能性という肥沃な大地を用意する。その内外で、新しい何かが育っていくのである。

シナジーの力

立ち止まることは、「ゾーン」のなかにいるようで魔法のようなものに感じるときがある。チームのメンバー全員が才能と努力を注いだり、いままで成し遂げられなかったような、優れた、驚くべき、途方もない何かを力を合わせて作り出したりする。それを引き出すリーダーシップには、大きな志と目的意識を伴った謙遜と自信が必要とされる。それは『ビジョナリー・カンパニー2』（山岡洋一訳、日経BP社、二〇〇一年）の著者ジム・コリンズが「第五水準のリーダーシップ」として指摘したことだ。こうしたリーダーたちはエゴを捨て、人格で導き、周囲が活躍し主役になる場所を作り出す。誰もが輝ける余地を広く用意する。

優れたガラス彫刻家のデイル・チフーリは、素晴らしい芸術のコラボレーションを行うリーダーとしての才能でも知られている。彼は一流のガラス職人たちをチームにまとめ、革新的で新しいスタイルの、巨大なガラス工芸を作り上げ、ガラス細工の世界を広げている。チフーリの監督と先導によって多くの才能あるアーティストとともに作り上げた作品は、まるでオペラのようだ。それはシナジーを体現している。

世界屈指のコーチ育成機関コーチズ・トレーニング・インスティテュートのCEO

キャレン・キムジーハウスは、特別なつながり、あるいはシナジーについて次のように語っている。

「全員が同じ目的意識のもとでつながっているとき、全体は部分に勝ります」

キャレンは、彼女の組織がどのように立ち止まり、活力を得て、シナジーを生み出すかについての好例を教えてくれた。彼女とチームのメンバーはテーブルを囲んで座り、カリキュラム計画について検討していた。

「何かが欠けていると思いました。みんなのストレスは最高潮に達していました。頭や心に浮かんだ考えに集中できていないことが見て取れたのです」

賢明にも、キャレンは全員に、深呼吸してしばらく一歩引いてみることを提案し、こう問いかけた。

「いま何が起こってる？　何を感じてる？　何か話さなきゃいけないことはない？　私が見逃している大事なことはない？」

テーブルに座っていたリーダーたちは、一人一人、心に浮かんだことを話していった。ある者は困惑していると言った。またある者は近頃の変化を嘆いた。軸がぶれて不安だと言う者もいた。キャレンは、全員が自分自身や、お互いや、共通の目的意識に対するつながりを取り戻すべきだと気づく洞察力と勇気を備えていた。そして三十分ほど時間をとった。すると、創造力やエネルギーや底力が戻ってきた。ともに作り上げるものの価値や、それが世界へ与えるだろう影響を再認識し、再び集中して心の底から仕事に取り組めるようになった。キャレンは言う。

「私たちはカリキュラム計画の検討に戻り、しかも予想より早く終えることができました。つながりを取り戻すために時間をとったおかげです」

マハトマ・ガンディーはこう説いた。「急ぐことだけが人生ではない」。

マネジメントの技術は、一貫して効果的に結果を出すことである。

リーダーシップの技術は、永続的な価値を生むために人を育てることである。

テクノロジー、戦略、システム、プロセスが組織の成功にとって大切なように、リーダーシップにとって最も大切なのは人である。コーポレート・エグゼクティブ・ボードが行った研究は、リーダー主導の人材育成の劇的な効果をはっきりと示している。人材育成に先陣を切って取り組むために時間を費やすリーダーは、そうしないリーダーに比べて一・五倍も成果が高かった。人を育てるために立ち止まると、ビジネス上のパフォーマンスが向上するのだ。ある経験に富んだ世界的CEOもこう語った。

「周りを育てることは、再生可能で永続的な価値創造の源——つまり人々の価値を高めることです」

成長の文化を育てる

リーダーは成長を加速させる。収益の成長、マーケットシェアの成長、利益の成長、目的意識の成長、イノベーションの成長、貢献度の成長。立ち止まり、成長について考える際の大切な問いは以下のようなものだ。

- こうした成長はどこからやって来るのだろう。
- 成長の原動力は何だろう。
- そもそも何が成長へと駆り立てるのだろう。

多くの場合、私たちは成長を単なる「外側の出来事」とみなし、深く立ち止まって自分や組織の内側にある成長の「源泉」について考えることをほとんどしない。私たちは成長の結果を測定するのは得意だが、ペースを落とし、一歩引いて、成長がどこからやって来るか考えているだろうか?

人と組織の成長の原動力となるのは、人の洞察力、エネルギー、敏捷性である。

マネジャーはシステムやプロセスを駆使して管理する。

リーダーは人間のポテンシャルを駆使して成果を増大させる。


小売業を営むある多国籍企業において、その類いまれな創造力で知られるシニアリーダーはこう語る。

「創造力やイノベーションは、人々の心や取り組みが活性化しない限りは憧れのままです。どんな素晴らしい戦略もリーダーシップも、人間の心には敵いません。マネジャーや技術者たちが違いを生み出すには、心を動かされる必要があります。効果的なリーダーは、成果の源泉である人を育てることで組織を成長させ、持続的な結果を出そうとします」

多くの優秀なリーダーたちと同様に、そのシニアリーダーも、かつては自分自身や自分の役割がこのようであるべきだとは考えていなかった。


キャリアの初めのころ、私は自分自身を成果の原動力だと考えていました。骨の折れることや助言が必要なことがあった場合は、自分が引き受けていました。結果を出し続けることで信頼を得て、昇進していっても、この「私が一番」のメンタリティであり続けたのです。そして初めて十億ドル規模の地域を担当するという大役を任されたとき、壁にぶつかりました。英雄的な振る舞いや独りよがりのやり方は限界に達していました。正直に言えば、私は新しい方法をとらざるを得なかったのです。周りを信頼し、自由にさせ、人々をコーチングし育てる人間になる以外の選択肢はありませんでした。「私」から「私たち」への意識の変化は革新的でした。いまは、戦略の手助けをするために人々と才能を育てることが自分の役割の八〇パーセント以上を占めていると思っています。仲間たちが「先へ進むために一歩引く」手助けをするのがいまの私の本当の仕事なんです。

他者の成長は自己の成長から始まる

ほとんどの変革は自己変革から始まり、ほとんどの成長は自己の成長から始まる。

それゆえに、もし前章の「自己を育む」で充分な内省ができていなかったら、いまこそ立ち止まるときだ……深く立ち止まって……まずはそれをはっきりと自覚しよう。リーダー自身の成長なしに他者の成長はあり得ない。企業のリーダーの成長は、組織のダイナミックな成長に直結するのだ。他者のなかに真正さや目的意識を育てる前に、まずはリーダーが自身の真正さや目的意識を育てるために力を注がなければならない。それができれば、他者の成長は力強いものになり、リーダーとしての信頼も得られるだろう。リーダーは、周りに求めるリーダーにまず自分がならなければならない。そしてその、信頼に基づいた確かな足場から、他者の成長を促すことが可能になる。

人格や、価値観や、目的意識や、超越や、真正さについての自己認識をしっかりと持つことで、他者を成長の旅へと促すための確かな枠組みを得ることができるだろう。自分と自分の価値が育てば、他者の成長もついてくる。

「良い研修」だけでは不充分

ある世界的企業のCEOはリーダーシップ育成に没頭し、いくつものプログラムへ熱心に投資していた。さまざまなプログラムに助言をし、ゲストスピーカーを連れてきたりもした。しかしながら、リーダー育成を支援するだけでは充分とは言えない。リーダーとしての彼の日々の振る舞いは、プログラムで紹介される原理原則とは正反対のものだったのだ。当然、リーダーシップ・プログラムのROI（投資利益率）は低かった。さらに、重要な役職に就いた社員の定着率も期待を大きく下回った。

いら立ったCEOは、自身の投資の価値を疑い始めた。ある意味で、彼は正しかった。プログラムは最善の効果を発揮してはおらず、投資に見合っていなかった。しかし、ROIが低い理由はプログラムにあるのではなかった。問題は、彼自身が参加せず、成長せず、学びを体現できていないことにあった。

あるときから、彼は自己の成長と変革に取り組み始めた。すると、組織のなかで「リーダーシップ育成は我々全員にとって重要な仕事だ」という言葉が聞かれるようになった。

やる気に満ちたマネジャーは、「CEOがあんなに真剣に自己の成長に取り組んでいるんだから、私も私にできることを頑張らなければならない」と語った。リーダーシップ育成のROIは向上した。

リーダーシップ・プログラムが掲げるリーダーや学習者に、まず自分がなろう。そうすれば、周りもその成長への旅について来る。

何世紀も前に、セネカはこう書いている。「できるだけ自分と向き合いなさい。あなたを向上させてくれるような人々と付き合いなさい。あなたが向上させることができる人々を歓迎しなさい。成長のプロセスは相互的なものです」。次のことを胸にとめておこう。

次の世代の人材に影響力を及ぼす最適なタイミングは、
彼らを抜擢する三年前である。
いま現在取り組んでいる個人と組織におけるリーダーシップ育成は、
いまだけでなく未来のリーダーたちにも影響を与える。

他者を育てる方法に進む前に、一旦立ち止まろう……成長に関してこれまでに学んできたこと、経験してきたことを振り返るために立ち止まろう。

立ち止まるポイント⑬

人材育成を点検する

力を抜いて……ひと休みしよう。コーチング、メンタリング、人材育成の経験を振り返ってみよう。自分にとって、周りにとって、良かった部分を思い返してみよう。それから、次の問いを自分に投げかけてみよう。

- 人を育てるのに最も効果的だった方法はどのようなものだろう。
- あなたの組織のリーダーシップ育成プロセスやプログラムはどれくらいしっかりしたものだろうか。リーダーシップの厳しさや新たな戦略の課題に対応できる人物を育てられるだろうか。
- あなたはどんな人に成功を期待し、組織のなかで新たな役割を持たせることができるだろうか。
- あなたは「本当に」人材を知り尽くしているだろうか。彼らのパフォーマンスとポテンシャルを把握しているだろうか。彼らのモチベーションや価値観を理解しているだろうか。何が彼らにやる気を与え、何が彼らのやる気を削ぐか理解しているだろうか。

勇気を持って、自身の答えに誠実でいよう。あなた自身の、そして組織の成功は、正確に評価できるかどうかにかかっている。

他者を育てるための対話——立ち止まる対話

他者の成長を促すために立ち止まるとき、最も大切なのは問いかけと耳を傾けることの二点である。問いかけは、積極的に掘り下げようとする対話のあり方で、耳を傾けることは、相手を受け入れ促そうとする対話のあり方である。二つのアプローチは、互いに補い合いながら成長の対話のループを形成していく。問いが深ければ深いほど、深く耳を傾けるようになる。深く耳を傾ければ傾けるほど、次の問いも深まっていく。二つのアプローチで互いを深く掘り下げていくことで、互いに新たな発見を掘り当てることができる。結果、学びは一方的なものではなくなる。それは、共感や信頼や協力関係を生み出す共同作業なのだ。

深い問いかけが持つ力

エリック・ヴォート、アニータ・ブラウン、デイヴィッド・アイザックスの共著『効果的な問いの技法』には次のようにある。「私たちが得る知識の活用法や、私たちが行う行動の効率性は、私たちが投げかける問いの質にかかっている。問いかけは、対話と発見への道をひらく。問いは創造力と画期的なアイデアへの招待状である」。創造力とイノベーションの秘訣や構造を深く知ろうとすればするほど、問いかけが発見への鍵のひとつであることを知るだろう。『イノベーションのDNA』でクレイトン・クリステンセン、ジェフリー・ダイアー、ハル・グレガーセンは、「イノベータは質問の達人で、物事の探求に情熱を燃やす。彼らは現状に異議を唱えるような質問をよくする。物事がいまどうなっているのか、なぜそうなのか、どのように変え、破壊できるかを理解するための質問をする」と述べている。その結果、「新しい洞察や結びつき、可能性、方向性」を発見する。それだけでなく、イノベータたちは、高い「Q／Aレシオ（注／質問と答えの比率）」を持っている。「通常の会話で発する質問（Q）の数が、答え（A）の数を上回っていたうえ、質問に、優れた答えと同等以上の価値を認めていた」。深い問いかけは、他者の真の成長と育成への道をひらく。

リーダーは深い問いを投げかけて信頼を築く

イノベータが問題解決に取り組み創造的な解決策を思いつくかどうかは、正しい問いかけができるかどうかにかかっている。他者の成長と創造性を後押しするリーダーは、違いを生むために最善の問いを投げかけなければならない。イノベータたちは、日常的に他の人よりも多く問いかけているだけではなく、より啓発的な問いかけをしている……深い洞察と理解を喚起するような問いかけを。リーダー育成のために問いかけることは、彼らの成長を手助けするだけでなく、彼らに独自の学びの機会を与える。

世界に百以上の支社を持つグローバル企業の会長は私にこう語った。「キャリアの初めは、答えを持つことで信頼を築いてきました。しかし後半では、最も深い問いを投げかけることによって信頼を築いてきたのです」

問いかけることは、「ＶＵＣＡ」の意味を、不安定からビジョンへ（Vision）、不確実から理解へ（Understanding）、複雑から明瞭さへ（Clarity）、曖昧から敏捷さへ（Agility）と変える。問いかけることは、自身や他者の目に見えていないもの、気づいていないもの、隠されているものに形を与える。問いかけることは、新たな可能性、新たな学び、自分自身と世界への新たな視点を獲得するための道をひらく。

問いかけることは、成長のための立ち止まる力である。

立ち止まるポイント⑭

会議での役割を問いかける

次のチームミーティングのことを想像してみよう。自分が専門家か、問題解決者か、最も熟練した経験と意見の持ち主であると思っていないか点検しよう。そして以下のことを意識しながら問いを活用してみよう。

- 自分自身を疑い、解決策を別の視点から眺める。
- 好奇心を持った状態を持続させ、他人の立脚点を知る。
- モチベーション、考え方、経験を深く掘り下げる。
- 「言語化されていない」問いを導き出す。
- 現状に疑問を投げかけ、会話を次のレベルへと押し上げる。
- なされた会話からさらにもう一歩、二歩先へ進める。
- より深く周りと協力する。

問いの力を有効活用したとき、あなたのチームや組織にはどのような効果があるだろう？　あなたのやる気や分析能力や知性を、周りの成長を助けるために使ったとき何が起こるだろうか？　自らが答えを出し、問題解決を図ったときに比べてどうだろうか？

深く耳を傾けることの力

あるとき、自信に満ちて表現力豊かなシニアエグゼクティブから声が失われた。長期間世界を飛び回っていたことに加えて、世界各地で業務が停止するというストレスが相まったためだ。たんなる風邪ではなく、ひどい喉頭炎だった。六十日以上声が出せなくなった彼女は、一歩引き、耳を傾けることを強いられた。すると、彼女のチームに対する認識は劇的に変化した。メンバーがより熱心に意見を出し合い、クリエイティブになっていった。議論はより自由で活発な、生産的なものになった。やがて彼女は、自分の筆談すら議論の邪魔になるときがあると気づいた。

「耳を傾けることを通じて、私が関わらないようにすればするほど多くのことを達成できる、と学びました。チームメンバーは私のビジョンを、期待を、価値観を理解しています。私にいま必要なことは、より多く耳を傾けて、干渉を減らすように自分を律することだと気づきました」

深く耳を傾けることのない問いかけには、
疑念や断定や主張が見え隠れする。
深く耳を傾けることを伴った深い問いかけには、
潜在的な力や可能性や協力関係を引き出す力がある。

私たちはどれくらい、本当の意味で他人と向き合うために立ち止まっているだろうか？　私たちはどれくらい、本当の意味で他人の言葉や感情に耳を傾けているだろうか？　どれくらい、目の前の問題と時間の制約のせいで耳を傾けずにいるだろうか？　深く耳を傾けるのは簡単なことではない。たんに言葉を聞くことはできるが、耳を傾けるために立ち止まり、感情や不安、そして奥に潜む問題に「耳をすます」ことはほとんどない。**効率的なリーダーは感化し人を動かすために話しかける。優れたリーダーは学び、協力し、革新するために耳を傾ける。**

リーダーシップに必要なあらゆる能力のなかでも、耳を傾けることは、最も大切なもののひとつだ。第三十代アメリカ大統領カルビン・クーリッジも「自分自身に耳を傾けて仕事を失う者はいない」と語っている。耳を傾けることは、価値創造の可能性を秘めているにもかかわらず、多くのリーダーに欠けていることである。そして耳を傾けられないことは、リーダーが道を踏み外す大きな要因のひとつとなっている。

組織の新たなリーダーが十八ヶ月以内に失脚する確率は六七パーセントにものぼるという研究結果がある。なぜか。耳を傾けていないからである。チームはなぜ崩壊するか？充分に耳を傾けていないからである。あらゆる関係は、なぜうまくいかなくなるか？　充分に耳を傾けていないからである。

ケリー・シー、エリザベス・ウォルフェ・モリソン、ナオミ・ロスマン、ジャック・ソルらの『組織行動と人間の決断プロセス』（未邦訳／*Organizational Behavior and Human Decision Processes*）に示された研究結果によると、状況は楽観できるものではない。リーダーたちは、一般的に、耳を傾ける能力に乏しいのだという。実際、地位が上がり権力を得るほど自信を持ち、そのため助言を聞かなくなっていくということが、四つの研究で示されている。リーダーたちはたいてい、他人のいまの経験や洞察よりも、自分自身の知識や過去の経験を信じる傾向にある。耳を傾ける能力が欠けていると、チームのメンバーたちが専門知識を持った年輩のメンバーに依存するようになるという、より厄介な事態を招く。『MITスローン・マネジメント・レビュー』に掲載された「いつ冷静になるべきか」で、ミシェル・バートンとキャスリーン・サトクリフは、消防士たちは、年輩の同僚の意見に従う傾向があると指摘している。そのためリーダーが立ち止まって流れを遮り、現在の情報に基づいてプランを見直すよう指示し、メンバーたちが――立ち止まり、問いかけ、耳を傾けることで――懸念材料を口に出せるよう真の意味で促すことができて初めて、劇的な変化やより良い結果がもたらされるという。

ここに、深く耳を傾けることを妨げる三つの落とし穴を紹介しておく。

落とし穴①　自信過剰

自分のことを真の専門家だと思っていたり、そこにいるメンバーのなかで一番経験があり正しい知識を持つ人間だと思っているとき、落とし穴に陥ってしまう。価値ある洞察を持った周囲の人々は、声を上げるよりも従うようになり、チーム内でのリーダーシップは強まるばかりか弱まってしまう。協力やつながりやイノベーションの機会は、「正しい」とされる意見の前に一瞬でかき消されてしまう。そんなときはペースを落とそう。そしていまの取り組みを革新へとつなげるべく、立ち止まってもう少し長く耳を傾けるよう努力してみよう。

落とし穴②　短気と退屈

自分たちの意見が反映されていなかったり、知的満足度の低い会話や会議になると、私たちは短気になったり退屈したりしてしまう。内なる声は、周りの声をかき消して「解決に向かってない！」と叫んでいる。たしかに彼らは、あなたのアイデアや構想や解決策を聞いてはくれないかもしれないが、彼らは何かを、あなたが気づいていない何か良いものを、掘り当てつつあるのかもしれない。もしあなたが独りよがりな自己との対話に終始していたら、真の意味で周りに耳を傾けることはできない。それはあらゆる点で損失だ。

学ぶことができない。何が起こっているか把握できない。つながることができない。イノベーションが起こせない。自分を深く見つめ、短気と退屈に立ち向かおう。立ち止まって、こう自分に問いかけよう。彼らは自分とは違う何を見て、何を知っているだろう？　いまなされている会話の奥に潜んだ信念は何だろう？　奥に潜む希望と不安は何だろう？　一歩引いて、こうした新しく違った観点から眺めたら、何が見えてくるだろうか？　深く立ち止まって、精神も感情も開放して積極的に参加しよう。反論はいつでもできるし、後で議論を見直すこともできるが、アッシジの聖人フランチェスコの、「まずは理解から」という助言を忘れずに。

落とし穴③　行動志向

ときに耳を傾けるのが難しいのは、聞くだけではなく他の何かもやりたくなるからだ。自分は解決策を知っているという自信や、それを実行してやろうという気持ちが活動過剰の元になっている。しかし、シニアリーダーとしては、複雑な状況や成熟したチームに対峙するとき、自分が答えを持って突っ走ることが必ずしも一番有効だとは限らない。それは意図せず従属関係を生み、他者の成長を阻害し、革新へのブレイクスルーをつぶしてしまう。自分はもっと長く立ち止まって、チームがもっと悩み、格闘するようにしよう。彼らはアイデアを、選択肢を、より深い解決策を見つけるだろう。彼らがどのように協力し、対立や問題を解決しているかに耳を傾けよう。声をあげる余地を与えよう。もっと一歩引くようにして、本当に必要なときにだけ一歩踏み込もう。


マネジャーは、組織を前進させるためすぐに行動に移す。

リーダーは、潜在的なエネルギーや可能性を引き出すために深く耳を傾ける。

自信と謙虚のバランスをとる

最近、あるCEOとその幹部チームに人材評価のアドバイスをする機会があった。CEOはある有望な人物に熱心に肩入れしていた。疑問に思い、彼にこう問いかけた。

「この人物にどうしてそんな夢中になっているんですか？」

彼の答えはこうだった。

「彼はいつ自信を持ち、いつ謙虚になればいいいかを正確に知っている」

洞察に満ちた回答だった。いつ自分の意見を主張し、いつ耳を傾ければいいか知っているということは、自己認識と優れたリーダーシップの両方を兼ね備えている証拠である。偉大なリーダーたちは、いつ寛容になればいいか――謙虚になり、耳を傾け、学べばいいか――を知っており、いつ主張すればいいかを知っている。謙虚であることは学びへの道を開き、自信を持つことは奉仕し、分け与え、価値を生み出す原動力となる。リーダーにはこの両方が必要である。しかしながら、ほとんどのリーダーたちは、自信がありすぎて、謙虚でなさすぎる。結果、耳を傾けることが難しくなっている。一定の謙虚さがないと、耳を傾けることはできないのだ。なぜ耳を傾けるべきなのか？　私たちはもうその答えを知っているはずだ。

大切なメンバーの要求や心配事や展望に耳を傾けるために立ち止まることは、人材育成にとって欠かせないことである。もしリーダーが、会議から会議へ、プロジェクトからプロジェクトへと駆け回り、主要なメンバーたちに耳を傾けることがほとんどない状態になると、チームや組織のリスクは高まっていく。発展的な深い議論を持ち、周りを後押しすることで、心配の種を摘み、つながりを築かなければならない。**発展的な対話を持つために立ち止まることで、ビジネス上の会話は、マネジメントの駆け引きからリーダーシップの卓越性が現れる対話へと変わる。**

深く耳を傾けるということは、ただ単に他者の話を最後まで聞くということではない。

ピーター・センゲは、深く耳を傾けるための準備について、面白いたとえを紹介している。エルサレムにある「針の穴」と呼ばれる狭い門についての話だ。その門をラクダが通るには、一旦荷物を降ろして、かがみながら進むしかない。「針の穴」を通るラクダを自分自身だと思ってみよう。自分の「荷物」を降ろし、心をひらく。それは、深く積極的に耳を傾けようと思ったときに、役に立つのではないだろうか。

深く耳を傾ける訓練をしよう。周りに寄り添い、彼らが伝えようとしている考えや感情をしっかりと汲み取ろう。彼らの発言に対して、自分の意見を述べ、希望だけを伝えて彼らを封じ込めるのではなく、問いかけたり話しかけたりすることで彼らの考えを引き出し、心をひらかせ、発言の真意を汲み取ろう。そうすることで、あなたは他者の価値や貢献度を知ることができるだけでなく、本当の自分を表現し、周りもそれに耳を傾ける、オープンな新しい関係を築くことができるだろう。

深く耳を傾けることとは、真のシナジーと効果的なチームを生み出す足場となる。さまざまな人のさまざまな意見を尊重して耳を傾けることで、問題をより包括的に把握し、より的確な解決策を見いだすことができる。**深く耳を傾けることとは、他者を育てる真髄である。**

せわしない世界で耳を傾ける

作家で『ニューヨーク・タイムズ』コラムニストのトーマス・フリードマンは、グローバル化とテクノロジー化が進むいまの世界は、「情報の民主化」によって劇的に変化していると指摘した。専制的で有権者にほとんど耳を傾けないトップダウン方式の政権は、光速で情報が駆け巡る世の中ではもはや存続することが非常に難しくなってきている。

それは、ビジネスの組織でも同じだ。CEOたちが会議の席を離れる前に、賛成や反対のツイートが、Eメールが、瞬く間に世界中を駆け巡る。「一方的な会話で国や企業をリードする時代は終わった」と語るのはLRNのCEOで『ハウ――なぜ「どう振る舞うか」ですべてが決まるか』（未邦訳／*How: Why How We Do Anything Means Everything*）の著者ドヴ・シードマンだ。「権力を示すためにアメとムチを用いた『指揮統制《コマンド&コントロール》』型の古いシステムは、じきに人々から力を得る『つながりと協働《コネクト&コラボレート》』型のシステムにとって代わられるだろう」。深く耳を傾けることが持つ革新の力を強調するように、シードマンは次のように書いている。「現代においては、国民や消費者や従業員と深くつながる双方向的な会話を持たなければならない」。そして「現代のリーダーの役割は、下から最善のものをすくい上げ、上のビジョンに落とし込むことだ」。

耳を傾けるという受容的な技術と、ビジョナリー・リーダーシップという能動的な技術の掛け合わせは、現代の情報にあふれたフラットな世界で成功を続けるための黄金律である。

耳を傾けることの効果と可能性について、ウィリアム・アイザックスは『フィールドブック 学習する組織「5つの能力」』（ピーター・センゲ他著、柴田昌治＋スコラ・コンサルト監訳、牧野元三訳、日本経済新聞社、二〇〇三年）で次のように語っている。

じっくりと聞く「傾聴」とは、言葉の奥で何が語られているのかに注意を払うことである。言葉の「音楽」を聞くばかりではなく、話している人の本質にまで耳を傾けるようにする。その人が何を知っているかに聞き入るばかりでなく、その人がどんな人間なのかというところにまで耳を傾けるのである。

耳は音の速度で反応し、それは目に入る光の速度よりもはるかに遅い。「生産的な傾聴」とは、自分自身の心の静寂を深める技術のことである。自分の心の耳で聞き取る速度を落とし、自然な速度に合わせることによって、言葉の奥にある意味を聞き取ることができるのである。

三つの立ち止まりを連動させる

持続的で革新的な成長をもたらすためには、問いかけと耳を傾けることによって生じる三つの立ち止まり方を連動させる必要がある。その三つとは、認識を強化すること、コミットメントを強化すること、実践を強化することである。この三つがすでにあり、連動しているとしたら、ブレイクスルーは間近で、成長を続けられるだろう。他者が三つの段階それぞれにおいてじっくり立ち止まれるよう手助けをしないでいると、しだいに結果が出なくなる可能性が高い。

他者を育てる立ち止まり① 認識を強化する

前章「自己を育む」で紹介したように、リーダーシップの成長は自己認識から始まる。自分を知り、自分にとって大切なものを知り、目的意識を手放さず、自分の行動や長所と短所が周りに与える影響を理解することから始まる。リーダーはまた、たえず外側の状況も認識しなければならない。市場の変化、経済の現状、新たな資金需

連動する立ち止まり

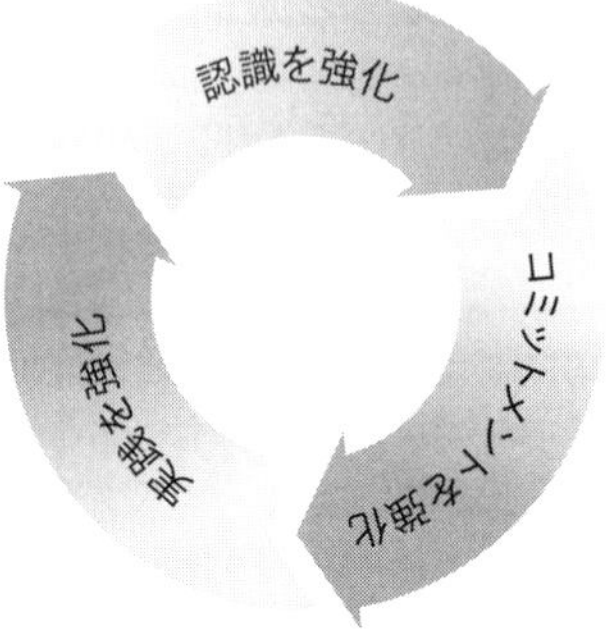

要、コストへの配慮、運営上の問題などを認識するために時間と注意を注ぐことになる。

しかし、なかでも大切なのは、人間関係を認識するために立ち止まることだ。人間関係における問題はとても複雑であるにもかかわらず、対立する相手との話し合いのときには、早く関係を修復しようとして、急に取り繕うようなスタンスに陥ってしまうことが多い。

他者を育てるには、専門家やメンターのような立ち位置ではなく、立ち止まって問いかけ、耳を傾けることで、人が内外のさまざまな難問を整理して認識を強化する手助けをしよう。人が認識を強化するための手助けとして、以下のような質問が使えるかもしれない。

- あなたのこと（や、あの人、あの問題、あの状況）を教えてくれませんか。どんな背景や経緯があるのですか。大変なところはどこですか。主な問題は何ですか。
- 現在の状況はどうなっていますか。客観的に見て、いまあなたが直面している状況はどうなっていますか。
- 現在の状況、行動様式、信念、態度、あるいは振る舞いは、過去とどのようなつながりを持っていますか。
- 自分と、自分の行動について何を学んできましたか。
- どんな信念や価値観や洞察を得ましたか。
- 現在の状況で、自分の長所をどう活かし、成長の糧にしますか。

- 別のアプローチから眺めてみたら、あなた（や、あの人、あの問題、あの状況）はどう違って見えるでしょうか。
- 何かはっきりとわかったことはありましたか。
- 何をはっきりとわかる必要がありますか。

他者を育てる立ち止まり② コミットメントを強化する

認識を得ると、より高いレベルでのパフォーマンスへの道がひらかれる。しかしながら、認識や洞察を得ただけではまだ足りない。それだけで足りるなら、毎年同じ新年の抱負なんて言ったりしないはずだ！　リーダーの影響力を持続させようとするならば、モチベーションに端を発する感情的なコミットメントが不可欠である。コミットメントの強化は、人々に行動の帰結を考えさせることから始まる。しかし、「このまま行くと目標は達成できず、自分たち自身と周囲の可能性を狭めることになる」と頭で理解させるだけでは足りない。彼らに実感し体感してもらわなければならない。振る舞いや決断が持つ影響の大きさを心から理解したとき、私たちはいつでも人生を変えていくことができる。トラウマが変革をもたらす教師だということもうなずける。ノール・ティシーとウォレン・ベニスは次のように語っている。「勇気あるリーダーたちは、何もしなかったときにどうなるかを考えたときの不安から、勇気を振り絞って大きな一歩を踏み出す」。

二〇一一年の映画『ファミリー・ツリー』でジョージ・クルーニーが演じるマット・キングは、妻と子供がありながら仕事を一番に優先している。妻や娘たちとほとんど一緒の時間を過ごしていない。映画の序盤、マットは妻の病室に座っている。妻はボート事故に遭い、三週間昏睡状態が続いていた。ようやく事態を現実のものと受け入れ、よき夫に、よき父になろうと決めたマットは「変わる準備はできている。本物の夫に、本物の父になるための」と口にする。「予備の親」だったマットは娘たちのことを何も知らず、どう接すればいいのかもわからなかった。悲劇に直面したことをきっかけに、やがて彼は身の回りの出来事に心を向け、理解するようになる。話が進むにつれ、彼は自らの振る舞いが招いた帰結を知り、コミットメントが始まる。娘に、周りの人間に、自分の内なる声に、耳を傾けるようになる。クルーニーが演じたマットは、自分にとって何が一番大切かをはっきりと認識する。自らの振る舞いが招いた良いところと悪いところを認識し、さらに実感して初めて、革新への意義あるコミットメントが――大きな一歩を踏み出すことが――可能になる。**芽を摘んでしまうかもしれないという恐れよりも、いつか花咲くことの大いなる可能性にかけたときにコミットメントは実る。**

いまの振る舞いや道筋が人生にもたらす良い結果と悪い結果の両方を考えさせることによって、人々が築きたい未来と現実のギャップが生む、創造的な緊張状態を感じさせることができる。立ち止まり、いくつかの未来に思いを巡らせ、新たな人生の選択を手助けすることこそが、他者のコミットメントを強化するために重要なことである。そして忘れないでほしいのは、深いコミットメントを育てるためには、リーダーの描く未来を押しつけるのではなく、相手が未来を見て、感じて、経験しなければならないということだ。

問いかけ、耳を傾けてコミットメントを強化することで、もたらされる結果の良い面と悪い面がよりはっきりと見えてくる。問いかけの例をあげておこう。

- ◯◯をする最も切実で積極的な理由は何ですか。
- ◯◯をしないことで生じる悪い面は何ですか。
- ◯◯を積極的にやりたいと感じますか。なんとしても悪い面を避けたいと感じますか。そうした思いをはっきりと感じることはできますか。
- あなたにとってこれがなぜそんなに大切なのですか。やらなければどんなひどいことが起こりますか。
- ◯◯をやり始めますか。いつまでに？　どれくらいの頻度で？
- これをやるためにどれほど力を注いできましたか。
- これをやらなければ、あなたと周りの人は何を失うのですか。実行すれば、あなたと周りの人は何を得るのですか。

他者を育てる立ち止まり③　実践を強化する

実践なしに革新はない。他者のために立ち止まるとはつまり、彼らが得た認識とコミットメントに、実践によって命を、バイタリティを、推進力を吹き込むことである。成長させたい相手が、崇高な目標を深く認識しコミットしているにもかかわらず、たえず実践する機会を与えないでいたとしたら、それは電気がついているのに目を閉じているようなものだ。

素晴らしい認識に敬意を払い、新鮮なコミットメントに誇りを感じているだけでは、相手が望む目的地へはたどり着かない。老子が記した人生やリーダーシップの教え『老子道徳経』には、「賢者は道を実践する。愚者はそれを見てただ憧れている」と書かれている。

実践を知ることは可能性を起こり得るものにする。
実践を始めることは可能性を確かなものにする。
実践を続けることは可能性を現実にする。

深く実践することについては、神経科学で言われるミエリンの働きと興味深いつながりがある。ミエリンはニューロンの軸索――神経線維の通り道――を包む物質だ。シナプスが必要ではあるものの、私たちが学び、上達できるのはミエリンのおかげである。ミエリンは、シナプスが送る信号の強度、速度、頻度、そして精度を高める。実践をすればするほど、ミエリンは新しい振る舞いや技術に対するアクセスを強化する。より深く耳を傾けることであれ、より頻繁に問いかけることであれ、ゴルフのスイングを改善することであれ、プレゼンテーションの技術を向上させることであれ、「実践がミエリンを生み、ミエリンが成熟を生む」。

『才能の秘密』（未邦訳／*The Talent Code*）の著者ダニエル・コイルは次のように語る。「深く実践することは逆説の上に成り立っている。ミスが起きる能力の限界のところで奮闘するという限られた条件で成り立っている。それが人を上達させる。ペースを落とさざるを得なかったり、ミスをしたり、修正したりする経験——氷の丘を滑って躓《つまず》きながら登っていくような経験——によって、自分では気づかないうちに素早く優雅な身のこなしができるようになる」。

最も偉大なチェリストだと多くが認めるパブロ・カザルスは、九十二歳になっても一日五時間をチェロの練習に費やしていた——それは彼の生徒たちよりも長い練習時間だった。ある日、もどかしくなったひとりの学生がカザルスに近づいてきてこう尋ねた。

「パブロさん、なぜ一日に五時間も練習するんですか？　生徒に恥をかかせてますよ。なぜそんなに一生懸命練習するんですか？」

パブロは謙遜しながらこう言ったという。

「ようやく上達し始めたからね！」

力を合わせて実践し、他者の成長を手助けするきっかけとして、以下の質問を問いかけてみよう。

○明日から何の実践を始めますか。ささいなことに見えて実は一番影響力のある振る舞いは何でしょう。自分や周りの人に一番良い影響を与えるような何かをできるでしょうか。

○これまで実践してきたことで、いま役立ちそうなものはありますか。

○いまやっていることの影響力を最大化するにはどうすればいいですか。何かを増やす？　あるいは減らす？　それとも別の角度から取り組みますか。

○継続的に実践を繰り返す自分の姿が想像できますか。それは毎日？　どれくらいの頻度？

○いつ始めますか。どれくらいの頻度で？

立ち止まるポイント⑮

他者の成長を促進できているか

しばらく立ち止まり、より深く、より効率的なコーチングと成長のための対話の準備をしよう。それをひとつの会議ととらえたり、一日の仕事の締めくくりだと考えたりしよう。問いかけ、耳を傾ける機会を増やし、口を出す機会を減らすことを頭に入れておこう。認識を強化し、コミットメントを強化し、実践を強化するために立ち止まり、周りを後押ししよう。こうしたことを考えたうえで、以下の問いを自分に投げかけてみよう。

- こうした新しい振る舞いはどれほど対話の内容を変え、強化するだろうか。
- 他者について、どんな発見があるだろうか。自分自身については？
- どの程度いたわりやコミットメントを表すことができるだろうか。
- 何が邪魔しているだろうか。専門知識？　問題解決？　短気？　不安？　それとも、反射的に関係修復モードになってしまっている？
- 今後もっとコーチングをする？　認識とコミットメントと実践を強化するために

問いかけ、耳を傾ける？　それはいつ？　誰と始める？　どれくらいの頻度で？

ノバルティスの取り組み

二〇〇二年以降、幸運にもノバルティスの八〇〇人以上のシニアリーダーと仕事をともにすることができた。ノバルティスは、過去数年のうち最も賞賛される製薬会社に複数回選出されている。多くの企業同様に、リーダーになる充分な資質を持った社員たちをどのように育て成長させるかという難問に直面していた。そこで私たちは、この難問を二つの問いに落とし込んだ。⑴どうすればノバルティスのリーダーたちは一歩引いて、有能な社員たちと親密な関係を持ち、意思決定の質を引き継いでいけるか？　⑵どうすればキーパーソンの成長を促すことができるか？

私の会社は、この二つの問いを意識しながら、リーダー育成と意思決定の継承の速度と質を上げるためのプログラムを用意した。察しのいいノバルティスの担当者はこう言った。「有能な社員たちを三段階に分けてもっとよく知る必要がありますね。これまでの人材評価では、非常に限られたやり取りだけで評価を下さなければなりませんでした。しかし、彼らのことをよく知れば、それぞれの人物がどんな役割に適しているかがわかります。充分な情報を持ったうえで、より正確な仕事や、実力より少し上の仕事を割り当てることができるようになるでしょう」

プログラムには、能力評価の専門知識と、リーダー育成に重要な三つの分野のエグゼクティブ・コーチングが含まれている。三つの分野とは、自己認識と目的意識を養うこと、信頼に基づいた影響力とチーム作りの強化、現実世界の経営課題に影響を与えること、である。

ノバルティスがプログラムを開始した二〇〇二年、社内の人材育成は喫緊の課題だった。二〇〇〇年時点で、人材の七九パーセントが外部から雇った人々だった。二〇〇二年までに、その比率は五八パーセントにまでなっていたが、もっと改善する必要があった。ノバルティスは「外部から雇うコストを抑えて採用へと回し、未来のリーダーを社内の人材から育てる」と決めた。二〇〇五年から現在にかけて、外部から雇われた幹部は三〇パーセントを下回っている。何百万ドルもの費用が抑えられた。そしてその何百万ドルが人材育成に活用された。優秀な社員たちへのコミットメントがもたらした成果はそれだけではなかった。自己認識と影響力を持ち、自分の結果だけでなくチームのことや会社のことを広く考えられるリーダーを生み出す後押しとなった。

「これは技能訓練ではありません。自分が何者であるかを知り、そのことが生み出す力を認識することです」とノバルティス・コンシューマー・ヘルスに人材と組織育成のリーダーとして在籍したメヒティルト・ワルサー＝アーテルは語った。

　永続的な価値を生み出すリーダー育成プログラムは、個々の信念や才能や目的意識と、組織や市場の要求をつなげる。リーダーたちが立ち止まってこの大切なつながりを認識したとき、彼らのやる気と影響力が高まる。自分が信じ大切にしているものだけでなく、会社に貢献するために自らの能力をどのように活かせるかをはっきりと認識できる。最も効果的なリーダーは、自らの目的意識と価値観を統合し体現することができる。周りに影響力を持ちながら効果的につながりを築き、永続的なビジネス価値を生み出すことができる。ノバルティスのリーダー育成法には、内なるリーダーシップと外なるリーダーシップの育成が見事に組み込まれていた。

「この取り組みは、自己認識を築くのに非常に効果的です」と語るのはノバルティスの人事部グローバルヘッド、ユルゲン・ブロカツキー＝ガイガーだ。

「社員たちに、深く内省して自分のキャリアにおける展望や能力、そしてそれに最適な機会はどんなものかを考えて欲しかったのです。そうすることは個人だけでなく、組織にとっても実り多いものになります」

　こうしたコーチングと育成のアプローチが会社全体にもたらした成果は、以下のようなものだった。

○参加者たちは学んだことを仕事に活かし、そこで学んだ考え方や言葉や振る舞いは会社全体に広がっていった。
○各人の能力を深く知ることで、より現実的で徹底した引き継ぎが可能になり、誰を育成し誰を昇進させるべきかについて、より適切な判断を下せるようになった。
○リーダーたちが自分自身について深く知ると同時に、会社にとって何が重要かを深く知るようになり、自信と真正さが生まれた。
○参加者たちはよりチームに貢献するようになり、プログラムを越えてピア・コーチングを行ったりネットワークを形成するようになった。
○リーダーたちは、リーダーシップを試す現実の課題において協力することを学んだ。
○ビジネス上の結果と人間の成長のより良いバランスを求める文化を作ろうという意識が広まった。
○プログラムの発案者たちにも、参加者たちと同様にリーダーシップにおける成長があった。

立ち止まるポイント⑯

他者を育てた経験を振り返る

腰を下ろして一息つこう。ここ二年間、自分がどのように他者を育ててきたか振り返ってみよう。自分の長所、成長してきた分野、そして現在まで受け継がれるものは何か、素直な目で見つめてみよう。自身の経験を振り返る際、以下の問いを考慮してみよう。

- 周りを育てるために、もっとしておけばよかった、もっとしなければよかった、もっと別の角度から取り組めばよかったという点はなかっただろうか。
- 組織として、もっとしておけばよかった、しなければよかった、もっと別の角度から取り組めばよかったという点はなかっただろうか。
- 人を育てる際に受け継いでいくべきものは何だろうか。

生成力——次の世代へつなげる力

偉大な心理学者エリク・エリクソンは八つの発達段階からなるライフサイクル論を提唱した。八つの段階は乳児期から始まり成熟期に至るまで、成長するに従って、基本的信頼、自律性、自主性、勤勉、同一性、親密さ、生殖性、統合性という心理的課題を持つ。彼の知見によると、「生殖性」と言われる段階で私たちは「恩返し」をするという。私たちは自分の人生を意味ある重要なものにしたいという欲望を持ち、次の世代への遺産を残したいと願っている。人生におけるこの段階は、もはや自分のためのものではなく、いかに他者に仕え、利益をもたらし、成長を促進できるかが問題になる。生殖性、つまり生成力とは、他者のために立ち止まることなのである。私たちは一歩引いて、他者を後押しする。

まさにこの段階こそ、自分自身と他者を先へ導く瞬間なのだ。生成的なリーダーは、周りの成功を目にすることによってエネルギーとやりがいを得る。つまり、目的意識を持ち、人格を備え、奉仕の精神で次の世代が自分を乗り越えていく手助けをする。リーダーは自分が持っているものを他者に与え、知識を伝える喜びと、他者が自分を乗り越えていく喜びを知る。

ゼネラル・ミルズのマーク・ベルトンは、生成力を、受け継ぐものあるいは「生き続けるもの」だと考えている。ベルトンのパートナー、マーク・アディックスも、会社のなかで生成力は「生き続ける」という。

　あなたは、あなたが作り影響を与えたもののなかに生き続ける。あなたは自分のDNAのなかで生き続けるが、決定的な変化を与えた人々や物事のなかにも生き続ける。私たちはここ（ゼネラル・ミルズ）で生き続ける。私たちはここで生き続ける、なぜなら私たちは正しくビジネスを行うこと、つまり消費者や顧客の要求に応えることを大切にしているからだ。ここにいる人々は、代々大事なことを身につけてきた――インスピレーションが湧く感覚、やる気に満ちる感覚、創造力があふれる感覚、何かを変えたいと強く願えば、変革をもたらすことができると知る感覚。私たちは彼らを巻き込んでいくことができるだろう。なぜなら私たちは彼らを大切に思っているからだ。私たちはまた、彼らを育てたいと思っている。なぜなら私たちはそれこそが本当に重要なことだと知っているからだ。私たちは彼らを育て、変革をもたらしたい。これこそが、生成的なイノベーションの文化だ。

自己を育てるキーポイントは、自己認識と真正さである。他者を育てるキーポイントは、奉仕と生成力である。ウィンストン・チャーチルはかつて、「人は得るもので生計を立て、与えるもので人生を築く」と言った。生成的なリーダーになろう。立ち止まって、他者の成長を後押ししよう。

先へ進むために一歩引く
――他者を育む七つの実践

実践① 目的意識を持たせる

リーダーが持つ育成能力のひとつは、組織のキーパーソンたちがやりがいのある切実な目標を持てるよう手助けすることだろう。リーダーは、成果志向に基づいてメッセージを発信することもできるが、貢献することの意義を明確にした、目的意識に基づいて発信し続けることこそが真の成果につながる。周りが核となる才能と価値観を発見する手助けのために立ち止まろう。それから、こう問いかけよう。

「その才能と価値観で、どんな違いを生みたい？」

彼らの目的意識を、短い言葉に、これ以上ないほどシンプルな言葉に落とし込む手助けをしよう。それは最良のガイドとなる。彼らがはっきりと目的意識を持ったら、それを育成の手段として取り込もう。「あの会議では目的意識に忠実だった？　どうすればもっと効果的に君の価値観を表明し、能力を活用できたと思う？」と問いかけよう。目的意識を発見する手助けをし、その目的意識を実際の育成におけるガイドとして適用することは、真のリーダーシップ育成への近道である。

実践②　問いかけ、耳を傾ける

認識とコミットメントと実践を強化するために、問いかけ、耳を傾けよう。自分の専門知識は脇へ置き、相手に真っ向からプレッシャーをかけ説明責任を持たせることを意識しよう。あなたの仕事は、相手に明確さを与えることであり、あなたの意見で相手の問題を解決することではない。最も効果的な問いかけができるように立ち止まろう。あなたが話し続けるのではなく、深く耳を傾けるために立ち止まろう。自分の内側で立ち止まって最善の問いを考え、自分の外側で立ち止まって深く耳を傾けよう。そうすれば、その成長への対話はかけがえのないものになるだろう。

実践③　挑戦するリスクをとる

他者を育てることは、仮説を立て、挑戦し、さらなる選択肢を探る共同作業である。育てたい人とともに立ち止まり、実力より少し上の仕事について一緒に考えよう。

「こういう可能性は考えたことがありますか？　ああいう可能性は？　この仕事をするにはどこを成長させる必要があると思いますか？　その仕事の準備はできていますか？」

相手の学習能力が高ければ、よりハードルの高い仕事を試すリスクをとろう。彼らがしっかりこなすので、きっとあなたは驚くだろう。同じように一歩引いて、一緒に実践を積もう。

「基礎的な能力をより伸ばしていくうえで、どんな方法にモチベーションを感じますか？　会社のなかでより大きなリーダーシップがあなたに求められるとして、どんな役割を担いたいと思いますか？」

実践と実力より少し上の仕事を通じて、またはどちらかを通じて、挑戦するリスクをとろう。

実践④　内省し、統合する

立ち止まって、周りの人々の経験や、専門知識や、長所や、短所や、能力や、モチベーションや、価値観を振り返ろう。それぞれの人物について深く振り返り、それぞれの全人格、そしてリーダー像を捉えよう。何が見える？　彼女のパフォーマンスはどうだろうか？　彼女の潜在能力は？　自分の狭い考え方や自信のなさのせいで、彼の能力を押さえ込んでないだろうか？　他の人には見えていて、自分が見逃しているところはないだろうか？　深い対話を持ち、パフォーマンスを縦軸に、ポテンシャルを横軸にして人々の見取り図を作ろう。自分の考えを確かなものにするために、評価とフィードバックを集めよう。内省し、彼らを理解するために深く立ち止まれば立ち止まるほど、彼らや組織の可能性は高まっていく。キーパーソンたちの長所や、育成が必要なポイントを振り返るためにもっと時間を割こう。

実践⑤　内側から外側へ、外側から内側への力に目を向ける

自分の組織がどのように人を育てているか正直に振り返ってみよう。あなたの会社のリーダー育成プログラムは、三六〇度評価や仕事の成績を利用した外側からの評価に偏っていないだろうか？　自己認識という内側の能力と、ビジネススキルという外側の能力がうまく関連したプログラムになっているだろうか？　あなたの育成法は、内側の人間理解と外側のビジネススキルがうまくバランスのとれたものであるか、確かめる時間をとろう。

実践⑥　生成力を育てる

コーチし、育成し、知識を伝えるために立ち止まることは、生成力にとって一番重要だ。コーチングやメンタリングは重要なプロセスだが、次の世代を繁栄させる生成力こそが、重要な成果である。この実りある、活力にあふれた力のためにより多くの時間を割こう。キャリアの初め、手助けやアドバイスをもらっていた自分を思い出そう。一番覚えているのは、そういう人やリーダーのことではないだろうか？

そうした寛容なリーダーたちは、忙しいスケジュールのあいだに立ち止まり、難問を整理する自分にじっくりと寄り添ってくれていたのだ。

リーダーシップを測る真のものさしは、その人の優れた成果ではなく、その人がどれだけ優れたリーダーを生み出したかである。

実践⑦　真正なリーダーになる

他者を育てるには、徹底して真正であることが求められる。深く問いかけること、深く耳を傾けること、本物の貫禄、真の知識伝達、そして真の生成力。あなた自身が、周りに求める人物像になればなるほど、あなたの信頼や声や影響力は高まっていく。何を知っていて何を知らないかをはっきりさせておこう。何に対しては成長の手助けをできて、何にはできないかに正直でいよう。周りの人々にオープンで誠実でいよう。そうすれば、彼らもまたあなたに対してオープンで誠実になるだろう。成功、挑戦、失敗、自分の物語を正直に語ろう。そうすれば、周りの人々は真の価値創造的な自己を見いだし先へ進めるだろう。チームと一緒に学ぼう。そうすれば周りの人々も学びの旅に参加してくれるだろう。

周りにこうあってほしいと思う人間に自分がなろう。

立ち止まるポイント⑰

理想の組織を思い浮かべる

あなたの組織がめざましいパフォーマンスを発揮し、その能力を認識している状態を想像してほしい。組織を次のレベルへと引き上げる何人もの後継者がいる。彼らはあなたのことを、キャリアにおける最もかけがえのないコーチでありメンターでありアドバイザーだと思っている。彼らの多くは言う。「あの人なしにいまの私はない。いま私がこのポジションにいるのは、あの人が私をリーダーとして育ててくれたことによるところが大きい」。次の世代があなたを乗り越え、組織を新たな可能性へと導いていくのがわかる。エネルギーに満ち、目的意識を共有した彼らは準備が整っている。立ち止まって、以下の問いを振り返ってみよう。

- この姿を想像してどう感じるだろうか。
- 現実の自分との距離はどれくらいだろうか。
- この姿に至るには何が必要だろうか。
- 今日からどんな行動を始めることができるだろうか。

第4章　イノベーションを育む

イノベータの共通点

偉大な哲学者や、科学者や、アーティスト、そしてリーダーは、一歩引くことで世界を先へ進める。質の高い立ち止まりであればあるほど、創造的な可能性は高まっていく。アインシュタインやその他の優れたイノベータたちは、日々深く内省し、生活における未知の法則を探ってきた。アインシュタインのアシスタント、バネシュ・ホフマンはアインシュタインの現実への深い洞察を次のように語っている。

彼の注意力は、恐ろしい強度と深さだった。扱いの難しい問題に取り組んでいるときの彼は、動物が餌を捕らえるときのように取り憑かれているようだった。しばしば、解決不可能に見える困難に直面すると、彼は大股で部屋を歩き回り、指を長い灰色の髪に巻き付かせていた。目線は、どこか遠くの夢のなかにいるようだったが、しっかりと自身の内側に向けられているのだった。集中している表情やしかめっ面には一切見えず、ただ静かで親密な交信を行っていた。アインシュタインは突然立ち止まる。解決策を見つけたのだ！　彼の出す解決策はとてもシンプルで、頬をひっぱたかれたような気分になることもあった！　その魔法は深すぎて目には見えなかった。

アインシュタインは、人間の奥深くに潜む現実をまったく新しい方法で見るために、ずば抜けた知性と専門知識を、深く立ち止まることと一体化させていた。伝記作家ウォルター・アイザックソンはこの点についてアインシュタインの伝記で「アインシュタインが特別である所以は、彼のずうずうしさ、同調しないこと、そして既存の考えを嫌っていたことにある」と振り返っている。彼の偉大な知性、膨大な知識、強靭な集中力、そして好奇心、観察力、反抗心、懐疑心、パラドックスと長く格闘する意欲が、十六歳の頃に行った「思考実験」を、二つの独立した仮説へ、そして最終的に相対性理論に導いたとしている。相対性理論は、いわゆる「ひらめき」だったのかもしれないが、それが起きたのは十年間内省しながら研究を続けた蓄積があったからだろう。

スティーブ・ジョブズに指名された伝記作家であるアイザックソンは、ジョブズとアインシュタインには共通の特徴があると言う。彼らはともに、熱烈な創造力あふれる思想家で、体制におもねらず、「既存の考え方に縛られる」ことを嫌った。常識を進んで捨て去っていたからこそ、彼らは違う考え方ができた。アインシュタインは「想像は知識に勝る」と言った。アインシュタインにしてもジョブズにしても、知識や経験の蓄積なしにイノベーションはあり得なかっただろうが、彼らの勇気と、アイザックソンの言うアインシュタインの「ずうずうしさ」は、彼らに新たな可能性に向けて突き進む大胆さを与えた。

大胆さは、ノバルティスの元会長ダニエル・バセラの特徴でもある。彼は生命科学業界のリーダーとして知られており、いつも予想もつかないことをして成功を収めてきた。こうした評価について本人に尋ねてみると、彼はこう答えた。

「長年行ってきた大きな戦略的決断のどれもが、内省の結果であり、従順であることを拒否して自分の頭で考えてきた結果です。個人においても仕事においても、従順であることは重要ではありません。重要なのは、状況をはっきりと認識し、新しい方法をとることです。そして一旦革新的な方法を発見したら、それを試すこと、そして有能な人々からの支援と反論の両方を得ることもまた重要です」

数年前、バセラは数十億ドル規模にも及ぶ大胆で革新的な賭けに出て、ノバルティスバイオメディカル研究所（ＮＩＢＲ）というまったく新しいグローバル研究所をマサチューセッツ州ケンブリッジに創設した。数千人の人々とともに、ＭＩＴやハーバードなどから人材が集い、新しい人材育成と新しいものを生み出す場としてのスタンダードになった。このことを振り返って、バセラは言う。

「その業界においてはラディカルで革命的に見えたかもしれませんが、私にとっては理にかなったことだと思えましたし、ハーバードの研究機関からやって来てＮＩＢＲの運営をするマーク・フィッシュマン博士も同じ思いでした。新たな方策をとることが必要だったのです。特に人材育成の分野では。周りの人々はそれを革新的だと言いました。しかし私たちとしては、科学的にもビジネス的にも当然のことをしたまででした」

研究スタッフをスイスからアメリカへ連れて来るという難問については、次のように語った。

「私たちはまた、本部を持たない研究機関を必要としていました。革新的な研究者たちに必要なのは、自由に思考し、定説にとらわれず、権力から自由になり、発見する余裕を持つことでした。協力して研究する自由を与えることがイノベーションを生み出すために大切です」

世界は、最も革新的なものに味方する。現代の要求過多な世界において、効率的であることはマネジメントの特徴であり、革新的であることはリーダーシップの証である。世界中とつながった現代の不眠不休のビジネス環境においては、持続可能性はイノベーションを起こせるかどうかにかかっている。たえずイノベーションを続けていないと、他の誰かによるイノベーションの波に飲み込まれる。イノベーションはもはや、組織に決定的な違いを生み出すだけのものではなくなっている。イノベーションはまさに、永続的に違いを生み出すためのものなのである。イノベーションには、不確かさや曖昧さに取り組むことや、学びのために失敗するリスクを進んでとるということも含まれている。では一体、そのイノベーションとはどこからやって来るのだろうか？　めったにいない天才的な発明家からだろうか？　それとも、情熱を持ち、やる気にあふれ、目的意識を持った好奇心旺盛な学習者が検討と発明を繰り返す文化から？

発明とイノベーションについて、メドトロニックの心臓血管部門の上級科学者はこう語っている。

イノベーションとは、新しいことの実現です。たとえば、世の中に画期的なインパクトを与え、現在の状況や従来の古いやり方を克服するような発明です。それが製品であれ、サービスであれ、理論であれ、イノベーションが起きるためには、発明が現実のものとなり、パラダイムを変えるようなものでなければなりません。ダーウィンの進化論やアインシュタインの相対性理論は、私たちのものの見方を変えました。スティーブ・ジョブズはＭＰ３プレーヤーやｉＰｏｄを発明したわけでも、ｉＴｕｎｅｓに備わるテクノロジーを発明したわけでもありません。しかし彼は、優れたデザインや操作性、そして他者の追随を許さないビジネスモデルによって、こうした発明を現実に導いたイノベータでした。発明は「実を結ばない」可能性がありますが、イノベーションは「上質なワインを作る果実」です。もちろんイノベーションも、栄養不足を引き起こす食材のように不運な結末を迎えることもあります。宇宙飛行士たちは冷凍乾燥させたアイスクリームを、つまり実を結んだ発明品を宇宙で食べます。冷凍乾燥アイスクリームは科学館などでも買うことができますが、この製品自体はイノベーションではありません。この冷凍乾燥食品が、保存食として世界各国の食品業界に流通してこそイノベーションとなります。イノベーションは発明より難しいのです。

『U理論』（中土井僚、由佐美加子訳、英治出版、二〇一〇年）でオットー・シャーマーは、「ビジネス界、地域社会、政府、NPOのリーダーや改革者は誰しも『芸術家《アーティスト》』と呼べるのではないか。なぜなら、新しいものを創造し、社会にもたらしているのだから。そこで問題となるのが、彼らの行動はどこからもたらされたのかということだ。私たちはリーダーが……最高の可能性を生み出すレベルのときや、あるいは逆に何らつながりやコミットメントもないときに、彼らがどのような内面世界、すなわち源《ソース》から行動しているのかを見ることはできない」と語った。シャーマーは深い認識を三段階にわけている。思考をひらき、心をひらき、意志をひらくこと。彼は言う。「いま私たちが抱える問題は私たちの内面の状況を変え盲点、意識と行動の源《ソース》に光をあてることによってしか解決できない」。そして自己認識はイノベーションの核にあると言う。「激動する現代社会を生き抜くには、どのような組織も地域社会も自己刷新し、生まれ変わらざるをえない。そのためには、『私たちは誰なのか』『私たちはなぜここにいるのか』『ともに何を創りだそうとしているのか』という問いに答えることが必要だ」。

人々は、ジョブズやアインシュタインやエジソンのような際立った人物がイノベーションを起こし大衆の生活を変えてくれると考えている。そしてたいてい、人々はこうした独創的なリーダーたちについての神話を作り、彼らを神格化する。しかし、イノベーションにつながる真の価値創造の源泉は、さまざまな人々が共通の目的を持ってつねに新しい方法を生み出すべく熱心に取り組み、協働し合うネットワークのなかにこそある。あるCEOは私に言った。

「天才的でヒーローのようなイノベータが起こしたように思えることでも、そのブレイクスルーはたいてい、多くの人々の貢献や支援による極めて協働的なプロセスの結果です。ヒーローは、多くの有能な協力者たちが裏で懸命に働くことによって作られるのです」

真のイノベータは、組織に生命の躍動をもたらす文化のイノベータなのである。**発明する者は、製品とサービスのブレイクスルーを生み出す。真のリーダーは、イノベーションを生み出す不朽の文化を育てる。**

イノベーションは現代のビジネスリーダーたちが頻繁に口にする合い言葉となっている。イノベーションの利点を、クライアントに言い募る。イノベーションの美徳を崇拝している。偉人たちをイノベーションの象徴にしている。イノベーションを熱烈に信奉するのももっともだ。今日の世界において、イノベーションは新たなリーダーシップとなっている。しかし、イノベーションが持つ価値創造の可能性を褒めそやす一方で、自分自身に「イノベーションはどこからやって来るのだろう？　どこから始まる？　それはどのようなものか？　どうすればイノベーションを人々や組織の文化に根付かせることができるだろう？」と問うことはほとんどない。

目的意識はイノベーションの栄養源

レイ・アンダーソンはその創造性で伝説となっている人物だ。しかし、二〇〇九年のTEDでのスピーチで、彼は自分を「略奪者として歩み始め、略奪者を抜け出し、インターフェイス社の人々のおかげで、五年連続アメリカで最も環境に優しいCEOになった」一人のエンジニアであり起業家だと語った。

アンダーソンは、まさしく真のイノベーティブなリーダーだ。一九九四年、六十歳だった彼は、上場し業界大手となっていたそのカーペット会社の方針を大きく転換した。「インターフェイス社を、石油に大きく依存した石油化学産業の一種から、真の意味で持続可能な世界で初めての会社にしたかったのです。環境を汚染する煙突や流出管を排除し、環境を害さず、簡単には回復しない地球から何も奪うことのない会社に」とアンダーソンは述べた。自らを「ラディカルな実業家」だと語るレイは、持続可能性という明確なミッションを持って自身の会社を改革するために立ち止まった。彼は、インターフェイス社は良いことを行って利益を得ていこうと覚悟を決めた。レイの自己リーダーシップの物語はそのまま、インターフェイス社の物語である。ビジョンとミッションを持った真のリーダーは、意義のある目的意識を伴った目標めがけて、才能あふれるイノベーティブな人々がコミットする文化を育てられるという好例だ。

彼は初めからイノベータだった。一九七三年、カーペット業界の現状に一石を投じようと会社を設立した。スティーブ・ジョブズが、フォントの美しい静かなコンピュータという、既存の概念を覆す大胆な提言をしたのと同じように、アンダーソンも、一枚仕立てではなくモジュール組み合わせ式のカーペットという、カーペット業界を革新する大胆なアイデアを持っていた。

立ち止まって読書をすることも、ラディカルなイノベーションを誘発する火種となる。一九九四年、アンダーソンは、環境に対する組織のビジョンをインターフェイス社の戦略チームに語るため、ポール・ホーケンの『サステナビリティ革命』(鶴田栄作訳、ジャパンタイムズ、一九九五年)を読んでいた。彼らは当時環境への取り組みを行っておらず、顧客たちは企業の環境への取り組みに疑問を抱いていた。ホーケンは、産業のリーダーたちは生態系の破壊に責任があると同時に、そこから脱却する力を持った唯一の存在である、と主張していた。それを読んだアンダーソンに、彼いわく「胸を槍で突かれた」ようなひらめきがやって来た。それは、自分には先へ進む責任があるという認識、そして一企業でも他の模範となるような持続可能なビジネスモデルを作る重要な役割を担えるという認識だった。「誰かがリードしない限り、誰もやらない」、彼はそう自分に言い聞かせた。

彼はその年、業界の慣習を変え、ビジネス上の目標を犠牲にすることなく持続可能性を追求するという戦略に切り替えることを宣言した。彼の目的ははっきりしていた。ビジネスをし、お金を稼ぎ、環境を守る責任を持つこと。レイのビジョンとミッションは、二〇二〇年までにインターフェイス社が環境にもたらす負の側面を排除することだった。

彼は会社を改革し、「変化の速度への適応能力が高く、成功に向けて熱心にコミットする社員の文化をつくるべく、ビジネスのあらゆる側面」を変えた。階級化された構造のままでは目的意識に突き動かされた協力や連携の妨げになるとして、「フラット化された組織」というビジョンが共有された。

創造的な解決策を養うためには、オープンであることを促し、失敗に寛容な文化を育てることも必要だった。どんなレベルの社員も、カーペット作りに留まらず、より大きな何かにつながり取り組んでいるという感覚を持つようになった。彼らのミッションの達成は、インターフェイス社だけでなく、言うなれば、業界を変えるようなものになった。二〇一一年にこの世を去る直前、レイは会社の目標の半分まで至ったと考えていた。レイは、目標に近づく過程を、登山者が山の頂上にたどり着く過程に例えている。一度に一歩ずつ進む。

「そうやって私たちは持続可能な企業になっていくのです。そこに至るまでに、他の会社が追随したくなるような例を生み出すかもしれません。自分たちの行いだけでなく、周りの行いに影響を与えることで、活性化することができるのです。私たちは真の意味で自分たちのビジネスを違った観点から考え始めました」

良い意志は市場に広がっていった。無駄を省きコストを削減することに加え、製品の品質もこれまで以上に改良された。学び、価値観を整理し、その価値観を刺激的な目的とともに組織全体に浸透させるために、レイは立ち止まった。そうしたすべてが、厳しい顧客からの問いに答えるために立ち止まったことから始まり、そして謙虚でありながら自信を持ったイノベーティブなリーダーが、目的意識と責任感を持ったことから始まった。

アンダーソンは、立ち止まる力を体現していた。内側と外側の成長に進んで取り組み、自分を、周りを、組織の文化を革新した。立ち止まり、先へ進む新たな道筋を検討する勇気を持っていた。各人が自身の目的意識とのつながりを見いだすことができる優れたミッションを発見する深さを持っていた。私たちの先にある未来へのビジョンを持っていた。

アンダーソンは、革新的なリーダーシップのすべてを備えた真のイノベータだった。現実に向き合い、現実を変えた。

コーン・フェリーのCEO・アンド・ボード・サービス・グループの副会長のジェーン・スティーブンソンはビラル・カファラニとの共著『脱却』（未邦訳／*Breaking Away*）でこう述べている。

イノベーションはトップから始まるが、チームスポーツでもある。誰もが大切なメンバーであることを認識する必要がある。彼らの貢献なしでは、結果が変わってくる。リーダーの重要な役割のひとつは、すべてのメンバーに、より大きなミッションへとつながる目的意識と価値観をしっかり持たせることだ。個人の力も必要だが、チームの力も必要である。そのチームは互いに強みと能力を発揮し、能力以上のものが生み出されるような精神性を持ったチームである必要がある。こうした協働関係や精神性があるところに、目標達成に向かう無限の可能性がある。

二人は本のなかで、イノベーションを革新的、部門的、市場的、経営的の四つのタイプに分類している。四つのすべてに価値があり「組織のすべての人間を成長させる」という。また、イノベーティブな文化の特徴として、すべての従業員が、顧客のために働いているという認識を心の底から抱いていることをあげた。

アンダーソンが示したように、イノベーションの鍵は、一度立ち止まり、前進するために、新たな可能性を探ろうとする組織や個人の内側に宿る力に注意を払うことだ。アンダーソンはまた、競合他社や顧客や地域社会や環境といった、外側からの圧力を深く認識していた。それらは、新たなやり方で奉仕し協力する方法を考え出すための、インスピレーションの源泉となるのだ。あなたは内側と外側に耳を傾け、戦略上の革新のきっかけにできているだろうか？

立ち止まるポイント⑱

内側と外側の力

- チームや組織に必要な根本的な変革のために、立ち止まって耳を傾けることができているだろうか。整理する時間をとっているだろうか。やらねばならないことや厳しい選択などについて注意を払っているだろうか。
- チームから革新的なアイデアを引き出すために、問いかけ、耳を傾けることはできているだろうか。対話をより深く進めるために「〜だとしたら?」や「何が起こり得る?」といった問いかけができているだろうか。

- うまくいっていないときでも、挑戦する文化を育て、新しいイノベーションのブレイクスルーを模索することに価値を置いているだろうか。失敗を、学びと成長のきっかけにする勇気を持ち合わせているだろうか。
- いまの、そして将来の顧客のニーズにどの程度敏感だろうか。いまのニーズ以上のものを模索するために問いかけ、耳を傾け、協力関係に基づいた未来を築くために寄り添おうとしているだろうか。
- 競合相手の最新のブレイクスルーを知っているだろうか。自分の組織のコア・コンピタンスは、その新しいアイデアを次のレベルへと引き上げられるだろうか。
- チームメンバーとどれほど頻繁に、そして深く、組織の考え方を内側からも外側からも変えるためのシナリオを話し合う、ブレインストーミングや質問ストーミングをしているだろうか。

組織の目標を共有する

ハーゲンダッツの元CEOで、急速に成長を遂げている宝石店カミリアの元CEOマイク・パクストンは、イノベーションの文化をつくる協働型リーダーの好例だ。マイクは、人々が新しくより良い方法を見つける後押しをすることに秀でている。ピルスベリー社の「ドゥボーイ」でマーケティングを革新し、ハーゲンダッツを世界的な企業にし、宝石デザイン会社も世界規模に育てた。彼はイノベーションを生み続けてきた。カミリアにとってイノベーションがどのような意味を持つかを考えるために、マイクは立ち止まり、どうすれば不断のイノベーションを会社全体の目標にして組織に伝えていけるかを考えた。

「この会社は急速な成長を続けており、デザインの分野において輝かしい成功を収める非常に活気あるチームを持っています。私は、どうすれば彼らに既成概念の枠を超える考えをもたらし、デザインだけでなくすべての分野でのイノベーションを起こすことを目標にできるかを考えるために、立ち止まらなければなりませんでした」

マイクは次の可能性に挑戦した。「今年から毎年、この業界随一のイノベータになる」。全員がこの目標のもとに一致団結した。マイクはデザインチームだけでなく、ディスプレイや製造、サプライ・チェーンの人々を巻き込んで、新たな製品を生み出すべく、これまでは違う考え方をするよう促した。

「イノベーションとはつまり、それ自体を超越していくものです。イノベーションはいまや文化となり、あらゆる領域に浸透しています。人々は成長を続けるために前向きに挑戦を行っています。それはただのルーティーンではないのです」

マイクは立ち止まって、イノベーションの文化を作り上げた。


マネジャーは、競争についていくためにペースを上げる。

リーダーは、競争の先を行くために逆説的に立ち止まる。

失敗はイノベーションへの道

人々を、イノベーションという共通の強力なミッションのもとに一致団結させることが重要である一方、同じく非常に大切なのは、挑戦や失敗を恐れるべきものではなく歓迎されるべきものにする雰囲気を作ることだ。ほとんどの組織がイノベーションを求めているが、たいていは徹底して失敗を避けるために、知らず知らずのうちにイノベーションの生命力を彼らの文化から追い出してしまっている。イノベーションを求めながらも、何がイノベーションを殺すかについてはほとんど自覚していない。スーパーコンピュータ業界の生みの親シーモア・クレイは失敗し、学び、復活する能力の高さで知られていた。何年も前に、クレイ・リサーチの元ＣＥＯジョン・ロールワーゲンは私にこう語った。

「失敗した後であんなに早く学び復活する人を見たのは初めてです。シーモア・クレイは挑戦を恐れず、失敗から学ぶスピードが異常に速かった。彼は明らかに、失敗を重ねてイノベーションを起こしました」

イノベーティブなリーダーは、繰り返し失敗するリスクをとる自信を、
苦労して学ぶ勇気とオープンさを、
ブレイクスルーがやって来るまでの忍耐力を持たなければならない。

ケン・メルローズがトロカンパニーの会長兼ＣＥＯだったころ、あるチームが芝刈り機の新しい鉄製のボンネットに大きな投資をした。その投資により、これ以上の時間と費用が抑えられることを期待した。しかし不運にも、このプロジェクトは失敗に終わった。ケンはそのチームを自室へ呼び出した。部屋の外に集まってきたとき、チームの不安は最高潮だったが、ドアを開けたケンに部屋のなかへ案内されると、風船や食べ物が用意されていることに驚いた。ケンは彼らを祝うために呼び出したのだった。

「革新的なアイデアのほとんどはうまくいかない。信じ続け、生み出し続け、リスクをとり続け、特に物事がうまくいかなかったときは『いいトライだった』と祝い続けることが必要なんだ」

失敗のリスクがありながらも挑戦を通して学ぶことの価値を知っている真のＣＥＯから、この「やってみよう」の精神は会社全体に広がり、人々にイノベーションに至る活力と自信とさらなる挑戦への意志を与えた。**マネジャーは失敗を避けるためなら何でもする。リーダーは新たな学びのために失敗を恐れない。**

イノベーションの炎は、目的意識と自己革新によって火がつき、
他者の革新によって広がり、イノベーション文化のなかで燃え続ける。

第二章と三章では、イノベーションの最初の二段階を紹介した。自己を育むこと、そして他者を育むこと、である。これら二つは真正さと、オープンさと、協働関係に基づくリーダーシップの文化の土台となる。新しいもの、違ったものを生み出す基盤と言っていい。つまり、イノベーションはまず自己革新という内的成長として現れ、それから、他者の、文化の、産業の、グローバルコミュニティのイノベーションとして拡大していく。

レイ・アンダーソンのようなリーダーたちは、自己革新から始めて、次に文化、産業、

世界を革新していく。知恵のあるリーダーは、システムの革新を促すために自己を革新する。その文脈において、イノベーションはたんに次の画期的なアイデアを生むことだけを意味するのではない。イノベーションは、スティーブ・ジョブズの言う「宇宙に痕跡を残す」という目的意識に突き動かされたミッションから生まれるものである。イノベーションの源泉を知るために、立ち止まって、自分の価値観を、目的意識を、ミッションを振り返ろう。

立ち止まるポイント⑲

どんなイノベーションを起こしたいか

- 自分の業界の何が障害となっているだろうか。チームのなかでは？　組織のなかでは？　世界のなかでは？「状況を一変させる」にはどうすればいいだろうか。

イノベーションの5つの領域

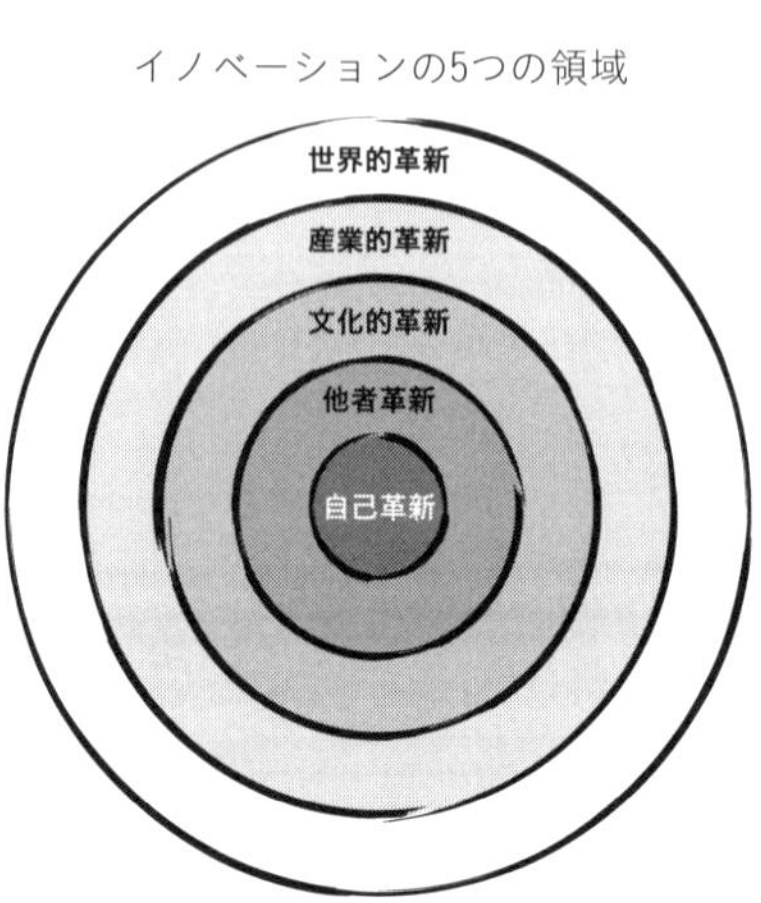

- 何に一番情熱を注いでいるだろうか。その情熱をイノベーションへの目的意識や、戦略や、振る舞いや、ビジョンと結びつけているだろうか。
- 自分の奥底にある価値観を、リーダーとしての振る舞いや戦略として押し進めるとしたら、チームとともに何を生み出せるだろうか。
- 人生の終わりに、あなたが起こしたどんな変革を周りから感謝されたいだろうか。

パートナーシップを築き、夢を描き、深く問いかける

マーク・ベルトンとマーク・アディックスは、ゼネラル・ミルズにおいて極めて高い創造力を発揮し成功し続けてきた。ミルズでの二十年以上にもわたる創造的なパートナーシップが、成長と貢献を続けてこられた大きな要因だと言う。

「自分一人ではできませんでした。創造的なパートナーやチームがいなければなりません。独りよがりでは何もなし得ないのです」

ベルトンとアディックスは、会社の内外でパートナーシップを持たなければならないと主張する。パートナーシップはイノベーションを後押しする。彼らは「第一水曜討論会」

を行い、あらゆる業界で市場を牽引するリーダーたちを招いて、従業員たちに向けた講演を行っている。この会は、価値あるつながりと貴重な考えを提供する機会になっている。ベルトンは、新たなパートナーシップや協力関係を知ったり築いたりすることは、創造力の源を刺激し続けるために必要だと言う。アディックスや周囲の人々は、この会を他のイノベーティブな会社を見学する機会にもしている。こうした機会はイノベーションを育てる。なぜなら至る所で生まれている新鮮なアイデアを知ることができるからだ。自分自身にこう言うだろう。

「彼らがあれを知っているなら、僕らもあれを知っておいたほうがいいだろう」

アディックスとベルトンは、彼らのチームに大きな成長と革新的なイノベーションをもたらすべく、深く問いかけるために立ち止まる方法を共有している。

1 **振り返るために立ち止まる。** 物事がうまくいっていないときは、新しい方法を探るために一歩引く。

2 **ミッションのために立ち止まる。** 道を見失ったとき、目的意識を取り戻すために立ち止まる。

3 **前進するために立ち止まる。** 描いていた夢を、さらに大きく、あるいは新たな可能性のあるものとして構想するために立ち止まる。

「ミッションのために立ち止まる」に関して、アディックスとベルトンは彼らが初めてともに仕事をしたブランド「チェリオ」のことを話してくれた。チームとともに立ち止まり、ブランドについて考え直し、位置づけ直し、より深く消費者と関わり合う方法を考えた。彼らはこう問いかけた。

「このブランドの本質は何か？　どうすれば真の意味で消費者と関わり合うことができるだろう？　過去どんなことがうまくいった？　どんなことがうまくいかなかった？」

立ち止まってそう問いかけ、これまでの宣伝の歴史を振り返ったことで、チェリオの本質は育てること――誰かが誰かを育てることだという認識に至った。この立ち止まりから彼らが学んだことは何か？　深い目的意識と熱心な取り組みが伴ったイノベーションは、「消費者のために」という気持ちにさせるということだ。彼らの探求と発見は、消費者との関わりをより深く考えたブランドに革新する後押しとなった。

もうひとつ、ゼネラル・ミルズのチーム内部で起こった重要な転換は、自分たちがやってきたことは胸を張れるものだと気づいて安心したことだ。議論の目標が、学び、教え合うことだと明確なとき、その議論の価値は高まる。彼らはオープンになり、「ブランドのＤＮＡ」――育てること――を認識し、より大きな目標に向けて一致団結した。

「前進するために立ち止まる」ことの事例として、彼らが取り組んでいる「未来はいま

2020」というプロジェクトがある。未来に起こることは、まさにいまこの瞬間にわずかでも起こっているというアイデアに基づいて生まれたものだ。ベルトン、アディックス、そして彼らのチームは立ち止まり、「もし二〇二〇年に起こっていることを知っているとしたらどうするだろうか？　いま私たちがそれに取り組んだら？」と問いかける。現在どういう準備ができるかを考えるために立ち止まる。新しい思考を促してくれる人を連れてきて、また違った立ち止まりを行う。マーケットの行く末や新たな可能性を考え、熱心な親たち、多国籍のマーケット、デジタルエコシステムのデータベースを得ることができた。彼らは物事を違った角度で眺め始めたからこそ、「未来をここに実現させよう」と言えるのだ。

ミッションを定義する

出版社ベレット・コーラーは、持続的な価値を生み出す、真のイノベーティブな文化の生きた手本だ。創業者であり社長を務めるスティーブ・ピエルサンティは、謙虚でありながらも強い信念を持ち自信と粘り強さを備えたリーダーで、「すべてにとって良い世界を作る」というミッションをもとに組織づくりと決断を行っている。そのビジネスモデルは初めから、出版界では類を見ないほど革新的なものだった。ここ二十年のうちに、大手による他社の買収、不況、電子書籍の登場などで激変した出版業界において、ベレット・コーラー社は最先端を走り続けている。ミッションに忠実でありながら、たえず成長し利益を生み続けた。

社会的責任に基づいて、ベレット・コーラー社はいつもすべてのステークホルダーに報いようとしている。投資家や株主たちだけでなく、著者や、取引先、従業員、顧客、外部のコミュニティに奉仕しようとしている。この目的を達成しようと、それぞれのコミュニティを代表する人物を役員に任命している。出版社と著者の相互パートナーシップを強調する権利と責任の取り決めも行っている。すべては透明で、サービスと説明責任のバランスにたえず気が配られている。

ピエルサンティは立ち止まることの価値を深く信じており、プライベートでも仕事でも意識的に立ち止まりを実践している。祈りが彼にとって一番の立ち止まる方法だ。よく家で仕事をする彼は、祈りすぎて「多くのズボンの膝が擦り切れてしまった」と言う。さらには、書くことで立ち止まることもある。書くことを通じてより内省的になり、自分がこの問題にどう対処しようと思っているかが明確になる。彼はまた、多くの情報を集めることも好んでいる。充分に情報を得たときや、何か決断を下さなければいけないときは、集めたすべての情報を検討し、ノートに書き、振り返るのだという。

また、会社の文化に立ち止まることを根付かせるために、全社員ミーティングの前に沈黙の時間を設けた。ピエルサンティにとって、スタッフたちとの定例会議は決して形式上のものではない。会社のビジネスのあらゆる側面を深く検討する時間だ。ある時間になると全員作業の手を止めて、沈黙の時間をとるようになった。立ち止まることは、明確さ、大局観、イノベーションをもたらす目に見えないパイプ役なのである。

多くの人も経験があるだろうが、ピエルサンティは通勤バスのなかや、バスから降りてオフィスや家に向かう十〜十五分の道でいくつかの大きなブレイクスルーをひらめいたと言っている。ベレット・コーラがなぜ電子書籍の分野で最先端でいられるのかを尋ねると、新しいテクノロジーについて学びたいと思っていたり、この新しい分野で何ができるか考えたいと思っているさまざまな人々を集めて定期的なミーティングを行うことで立ち止まっていた、そこからすべては始まった、という答えが返ってきた。

彼は、ベレット・コーラーをこれまでと違った新しいモデル、スチュワードシップモデル（執事を務めること）に基づいた会社にすると決めた。執事という言葉が、会社の文化を規定した。彼は言う。

「スチュワード（執事）であるということは、仕える者であるということで、人は仕える者であるとき、仕える相手に対して奉仕の責任が生まれる」

スティーブはまた、「スチュワードシップという考え方は、どの本を出版するか決断するときにも適用できるし、すべての関係者に対するときにも適用できる」と語った。スチュワードシップは、新しい方法で仕えたいという強い願いから生まれた共通の目的意識と、イノベーションの精神を人々にもたらす。

「なぜ?」「もし」を問う

ロヒニシュ・フーダは、ジョンソン・エンド・ジョンソン傘下のエチコン・バイオサージェリーのUS広報担当ヴァイス・プレジデントだ。彼は「立ち止まって考える」人物であり、「なぜ?」と問いかけることに大きな価値を置いている。彼からすると、会社は活動過剰の温床であるだけで、革新的思考の温床にはなっていない。スケジュールとやることとリストをこなすのに関心とエネルギーを注ぎすぎているのだという。「どうすればできる?　いつまでにできる?」と聞くことはあるが、「なぜこれをするのか?」と問うことも必要なのだ。

ロヒニシュは、好奇心が創造的思考とイノベーションの鍵だと主張する。私たちは問うことが必要で、特に「なぜ?」と問うこと、そしてそれに答えるために立ち止まることが必要だ。ロヒニシュは周りの人々に何を、なぜやっているのか考えさせるようにしている。

そして彼らの洞察に価値を置いている。立ち止まって「なぜ？」と問いかけ、それに答えることができれば、イノベーションの機会が生まれる。

ロヒニシュは自身のことをイノベータではなく「工作員」や「イノベーションを可能にする人」程度にしか思っていない。彼は、ほとんどの新しいアイデアが組織内外の他者からやってくると言う。彼はそれらの価値を測り、問いかけることで育て、彼らの洞察が結晶化するのをたえず促し後押しする。「結果」、彼は言う。「立ち止まって考えさせることで目覚ましい解決策が生まれました」。

「BIG（バイオサージェリー・アイデア・グル）」はロヒニシュが作ったイノベーションの構想である。これはダイアー、グレガーセン、クリステンセンの言う「頭の中のTED」やフランス・ヨハンソンのいう「メディチ効果」と同じだ。領域横断的なアイデアが行き交うことによって創造性が生まれる場所を指している。ロヒニシュは、優秀で、才能のある、情熱を持った人々を――外科医を、顧客を、従業員を――一緒に集めて小さなグループにし、新たなテクノロジーや顧客対応から、より良い成果や教育や、新たなプラットフォームに至るまで話し合わせ、アイデアを行き交わせた。ロヒニシュはいつも「なぜ？」、「もし～だったらどうなる？」、「なぜそうした手段を使うのか？　なぜそのような決断をしたのか？　もし別の手段を使っていたらどうなる？」と問いかける。それから、洞察を集めていく。彼はBIGを、自己中心的な仕事のやり方を駆逐し、アイデアを交わし、考えを広げ、物事を別の角度から眺めることによって新たな思考を生み出す初の分野横断グループだと見なしている。学びを他のチームとも共有し、現状を疑い、新しいアイデアに挑戦し、フィードバックを集め、集まった情報を分析する。それから、そのアイデアを他者と共有し、潜んでいる可能性を探究して、支援する最適な方法を見つける。どの過程でも、彼らは立ち止まって、「なぜ？」「なぜいけない？」「もし他のやり方をしたらどうなる？」という問いかけをし、それに答えている。

境界を打ち破る

『刺激された！』（未邦訳／*Stimulated!*）の共著者で、iV·ibeグローバルの共同開発者ジャニーヌ・マクグレイドとアンドリュー・ペックは、創造力に火をつけ、よりイノベーティブな文化を根付かせることによって個人と組織の成長を促す専門家だ。ジャニーヌとアンドリューは、意識的に革新を起こし続けるイノベータだ。個人のレベルでは、せわしない日々のなかで立ち止まって、少なくともいくつかのテクノロジーから逃れて騒音を減らし、静かに腰を下ろして静寂のなかでものを書く。組織とともに働くときは、他者の創造力を「呼び覚まし、刺激し、育み、実らせ、持続させる」ために立ち止まることを促す。

二人は創造力とイノベーションが、オープンさと大きな目的意識の伴った観察と、探究と、発見の不断のプロセスの果てにあるものだということを知っている。

頭の凝り固まった人々との作業は最も困難な仕事のひとつだ。あるプロジェクトで、二人は動物衛生に取り組む会社と仕事をすることになった。研究、開発、そして飼料添加物や医薬品などの健康管理製品を製造し、動物の安全で健康的な成長を目指す生命科学に特化した会社の一部門だった。プロジェクトの評価を進めていくと、幹部チームの誰ひとりとして餌の生産地や酪農場など供給プロセスに関わる場所を訪れたことがないことがわかった。二人は幹部チームをそうした場所に連れていき、データを集め、観察調査が抜本的改革につながる体験をさせようと決めた。また、共同作業がチームの結束を深めるきっかけになるだろうとも考えていた。

ジャニーヌとアンドリューは彼らに観察のテクニックを教える研修を行った。最初のフィールドトリップは酪農場だった。チームのうちの二人は非常に反抗的で消極的だった。外部のコンサルタントだったこともあり、彼らはこの計画に懐疑的で、うまくいくとは思っておらず、農場へのフィールドトリップにまったく関心を示さなかった。「彼らのパラダイムにはまったく合わないもの」だったのである。結局二人も行くことになり、一旦行ってみると、チームの抵抗は消え去った。懐疑的だった二人を含めて、全員が皆熱心に取り組んだ。

「農場での経験は彼らの関係や考え方を変え、意識を目覚めさせました。そして意識が目覚めると、いままで見えなかったものが見えてきます。遺跡の発掘のようなものでした。その経験は彼らの思考を変えました。彼らはよりはっきりと目的意識を持つようになり、新たなエネルギーを得て、物事を新しい角度から見るオープンさを身につけたのです」

ジャニーヌとアンドリューはその観察調査を「幹部チームのなかでくすぶっていた創造的思考とエネルギーに火をつけた、内省的で立ち止まることを促すアクティビティでした」と語った。

一番大変なのは、新しい考え方のために立ち止まることは、周りがすることであって自分たちがすることではないと幹部チームが思っているときだという。そういうとき二人は、幹部チームを含め、すべての主要なリーダーたちと仕事に取り組もうとする。これを「チャンピオンネットワークのトレーニング」と呼んでいる。これは創造的な成長を促す環境を整えることだ。顧客を巻き込み新たな関わり合いを持つ方法を考えたり、職場環境を改善したり、評価基準を見直したり……すべてリーダーたちの自覚的なサポートが必要なのだ。

「こうした新しいプロセスや振る舞いが組織のなかで体現され、ひとつの形になったとき、私たちの役割は完了します。私たちはその組織が商業的にも成功し、社会との関わりも持ち、人々の生活に変化を生む手助けをすることができたのです」

現在の要求と未来の理想像を両立させる

ジェネリック医薬品業界は、ペースが速く、即時性が求められ、めまぐるしく状況が変わる業界である。すぐに結果が出ることで、即時性への要求はさらに高まっている。しかしながら、人材育成やイノベーションに対する長期の視点を持っていないと、すぐに競争から置いていかれてしまう。

サンドのグローバルヘッド、ジェフ・ジョージは最近、フェイスブックのマーク・ザッカーバーグやグーグルのラリー・ペイジと肩を並べて『フォーチュン』誌の「四十歳以下の四十人」第九位に選ばれた。ペースが速く、結果を重視した、電光石火のジェフのアプローチは、ジェネリック医薬品業界にはピッタリだった。

それだけではなく、他の強力なリーダーたちと同様、彼は現在の要求に応えると同時にバランスをとるという補完的な長所も持ち合わせていた。そして、情熱的で、目的意識を持ち、協力し合う、やる気に満ちて創造的な文化を作り上げる並外れた能力を持っていた。彼はサンドを、伝統的なジェネリック医薬品の文化から、ダイナミックで、高い価値を持ち、世界中の人材が羨む文化――「望むべき場所」――へと変貌させた。採用、育成、教育に尽力し、人材に敬意を払っている。臆することなく公の場で感情を露にし、ときにはこちらが気恥ずかしさや戸惑いを感じるほどに人々への配慮を示す。彼のチームにインタビューを行ってみると、チームの誰もが、そこでの経験はキャリアのなかでも群を抜いて素晴らしいものであると感じていることがわかった。ジェフ・ジョージが結果を出すことができるのは、彼が優れた文化を作っているからなのであった。

ジェフは毎朝瞑想を行い、認識を一新し、その日の目的と自分自身を明確にしている。自身の立ち止まる習慣に関して、彼は次のように語った。

「瞑想の習慣によって、その日の準備として自分のなかで深く立ち止まることができます。私は活動的で前のめりになりがちなんです。瞑想は、自分の頭と心を、情熱と目的を、合致させてその日の仕事やチームとの共同作業に取り組む手助けになっています。リーダーは、先へ進むために頭と心の両面で一歩引かなければならないのです」

視点をずらし、可能性をひらく

立ち止まることとは、マネジャーが実践する効率性から、リーダーが実践するイノベーションへと変化するための、基本的な成長のプロセスである。立ち止まることは、私たちを腰の重い「刺激→反応」型のマネジメントの監獄から解き放ち、学びへの好奇心旺盛な「刺激→立ち止まり→複数反応」型のリーダーシップへと導き、可能性を積極的に育んでいくことを促す。

立ち止まることは、従来の反応型の取り組みを、
創造的で、革新的な新しいブレイクスルーへの
複数の選択肢を用意するものに変える人間のメカニズムである。
立ち止まることで複数の未来が、
革新的なリーダーシップへの複数の可能性が用意される。

ロバートは数十億ドル規模の小売企業のＣＥＯを務める、聡明で優秀な人物だ。つねにチームの二歩、三歩先へ行く彼の頭脳は、ほとんどの問題を解決することができる。しかし、深刻な金融危機のただなかで、彼らのチームは壁に直面した。定石の解決策は、時代遅れで使い古されたもののように感じられた。最適な戦略はどこにもないように見えた。複雑で、不確かで、変数が多く、歴史から未来を予測することが不可能に思える状況に圧倒され、ロバートのチームは疲弊し切っていた。失敗知らずで成功を続けてきたロバートはいままでうまくいっていた方法で進み続けたが、今回は何もうまくいかなかった。

ついに、彼らのチームは勇気と知恵を振り絞って立ち止まり、自分たちと市場の状況を

新鮮な目で眺めてみることにした。彼らは、業界外で成功を収める企業を研究した。グーグルやアップルやセールスフォースやP&Gを訪ねた。さまざまな業界からコンサルタントを招き、専門知識を共有してもらった。より効果的で革新的なリーダーとなるべく、自身を評価しコーチングを受けた。さまざまな業界のまったく異なった経歴を持つ人々を採用し、ダイバーシティを歓迎した。彼らから出るまったく異なった観点の尊いアイデアを創造的ジレンマと捉え、学びの機会にした。彼らは漸次的な変化ではなくブレイクスルーを伴った戦略を求めた。より問いかけるようになり、より内省的になり、新しい考え方を統合した。ロバートたちのチームが立ち止まり、個人の、チームの、戦略上の成長に取り組み始めると、彼らの新たな戦略や文化やミッションはより明確になった。そうした革新について、ロバートは次のように語っている。

「すべては立ち止まることから始まった。もしあのまま同じアプローチでどんどん取り組んでいっても生き残れたかもしれないが、革新的なブレイクスルーは生まれなかっただろう」

新たな現実へと動き出そうと、積極的に他人と取り組む敏捷性のあるリーダーから、イノベーションは始まる。

マネジャーは、いまの組織を未来へと動かす。

リーダーは、いまの現実を超越して未来を現在にもたらす。

先へ進むために一歩引く
——イノベーションを育む七つの実践

成長を促し、持続可能な、価値創造型のイノベーション文化を育てるために、七つの強力な実践について考えてみよう。

実践① 目的意識を持つ

個人においても組織においても、前向きな価値観とゆるぎない目的意識を明確にするために、立ち止まる時間を持とう。目的意識は現状を越えるエネルギーとやる気をもたらし、なにか偉大なものが生まれるまで続く。目的意識は、価値創造的でエネルギーを倍増させるイノベーションの原動力だ。

実践② 問いかけ、耳を傾ける

イノベーションのひとつの手段、問いかけと耳を傾けることによって、オープンになり好奇心を持つために一歩引こう。突っ込んで問いかけ、自分自身や他者がより深く、より遠くへ進んでいけるようにしよう。問いかけ、耳を傾ける技術を磨き、組織のイノベーションの潜在能力を活性化させよう。新鮮な観点から問題や機会を観察するために、多様な意見を整理しよう。**マネジャーは解答に飛びつく。リーダーは好奇心と、問いかけから生まれる学びを信じている。**

実践③　挑戦するリスクをとる

失敗を恐れない勇気を持ち、新たな学びから推進力とスピードを得よう。すぐに学び、それを続ける勇気を持っている限り、挑戦は私たちを、障害物や回り道や曲がり角を経ながらも、最終目的地へと誘う。自分の振る舞いだけでなく、システムやプロセスが過度に挑戦を制限していないか点検する時間をとろう。主要なリーダーたちの時間の少なくとも一五パーセントが新しいアイデアの探究や試作に費やされるようにしよう。

実践④　内省し、統合する

統合し、統一する時間を、一番効果的な方法で確保しよう。ある大企業のCFOは毎週日曜の晩に、最も複雑な問題や戦略的な問題についての見取り図を作る時間を確保している。すべての断片を広げて、バラバラな要素を統合してひとつのものにつないでいく。毎日、あるいは毎週、新たな可能性や明確な視点を得るために「がらくたの山を通り抜ける」最善の方法を見つけよう。

実践⑤　内側から外側へ、外側から内側への力に目を向ける

内側にも外側にもある、未来を形作る力を見つめるために立ち止まろう。創造力を内側で最大化し、外側の競争の激しい、グローバルな、未来志向のダイナミクスと統合しよう。革新的なイノベーションは内側の協働による創造力と、外側の顧客から来る要求の交差点に生まれる。

実践⑥　生成力を育てる

周りの人々をつなげ、コーチし、メンターとなり育てるために立ち止まろう。彼らの考えや戦略や振る舞いを、イノベーションの観点から建設的に試してみよう。あり得べき未来を想像し、作り、革新するように促そう。イノベーションの文化を育てるために、人々を育てよう。

実践⑦　真正なリーダーになる

チームや組織のイノベーションの可能性は、リーダーがどれだけイノベーションを体現しているかにかかっている。自身の振る舞いが知らず知らずのうちにイノべーションの文化を制限していないか確かめよう。フィードバックを求めよう。「もっとイノベーションを起こすために何ができるだろう？」一番大事なのは、あなたが望むイノベータに自分自身がなることだ。

立ち止まるポイント⑳
イノベーションを起こす組織を思い描く

リーダーたちがあらゆる活動に真の意味で最善を尽くし、努力を続けている自分の組織を想像してみよう。チームはオープンで、協働的で、熱心に取り組んでいる。リーダーたちは、組織を未来へと導く知識と経験を持っている。組織は目的意識と大きなミッションを持ち、全員が後押しされ、現状を突破しようとしている。自分自身にこう問いかけてみよう。

- あなたのチームや組織には何が可能だろうか。

- あなたのチームや組織は何を生み出せるだろうか。
- 不断の成長とイノベーションの文化を作るために、あなたやあなたのチームには何が必要だろうか。
- いまから何を始めればいいだろうか。

最後に——立ち止まって、先へ進め

この本の旅が、自己と、他者と、イノベーションを育てる助けとなることを願う。そのうえで、この先にさらに大きな立ち止まりが、さらに大きな内省がある。大きな、複雑な、世界の問題に取り組むために立ち止まろう。多面的で多層的な世界の問題は、優れたリーダーたちが手を組んで立ち向かわなければ扱うことができない。

多くのリーダーが、目先の心配事のためだけでなく、より大きな革新に向けて立ち止まったらどうなるだろう？　世界市民として、直面する大きな難問への革新に向けて立ち止まったらどうなるだろう？　リーダーたちが、そのために一致団結したらどうなるだろう？　そうした自主的な、目的に突き動かされた動きが芽吹きつつある。クリントン・ヘルス・アクセス・イニシアチブはアフリカの保健衛生を変えている。ビル&メリンダ・ゲイツ財団はあらゆる病気を絶滅させようと試みている。クライメート・リアリティ・

プロジェクトでは、気候変動から生じる問題についての教育と啓発を行っている。ハビタット・フォー・ヒューマニティは、五十万以上の安全で手頃な価格の家を立ててコミュニティ形成に一役買っている。ベルカナ研究所は、世界の難問に新たな視点からアプローチしており、その創立者、マーガレット・ウィートリーは、この混沌とした世界の新たな見方を伝え続けている。世界に知られた代替現実ゲームのデザイナー、ジェーン・マクゴニガルは、イノベーティブなゲームデザイナーたちを刺激して、私たちの生活を向上させたり現実の問題を解決したりするゲームを作るよう促している。彼女は、将来はゲームデザイナーがノーベル平和賞を受賞すると信じている。プレゼンシングインスティテュートは、飢餓や水不足や識字率の問題や貧困問題に新たなモデルを提出することで人々の生活を変えようとする、個人と組織とリーダーたちの世界的なコミュニティである。インターナショナル・ディベロプメント・エンタープライズの創設者ポール・ポラックは、貧困とその原因を解決する具体的な解決策を練っている。ウィートリーや、センゲや、シャーマー、そして他の多くのリーダーたちと同じように、ポラックも、困難な状況下にいる人々の声に耳を傾け、問題を可能なかぎり把握するよう提案している。こうした活動は、まさに立ち止まることである。持続的で革新的な、人生を豊かにするインパクトを生み出すために。

本の最後に、二つのとても重要な内省の方法を伝えて締めくくりたい。

1 **いま立ち止まろう。**あなたは自己を育み、他者を育み、イノベーションを育むためにあらゆる手を尽くしているだろうか？　世界の革新は、各分野に真の奉仕を捧げるリーダーたちから始まる。

2 **先へ進むために、立ち止まろう。**「もっと大きなゲーム」のために何ができ、より広いシステムやローカルなコミュニティの要望に応えるために、何ができるだろうか。

何年にもわたって、私の「もっと大きなゲーム」は、ユース・フロンティアにやってくる何百何千という学生たちの人格育成の手助けをすることだった。それから、コー円卓会議や倫理企業文化センターに役員などで参加しているのは、CEOのリーダーシップに倫理的革新をもたらしたいと願っているからだ。未来の若いリーダーから現役のリーダーまで、さまざまな年齢のリーダーたちとともに取り組んできたなかで、私の目的意識もより大きく、生成的なものになっていった。これが私の、ささやかながら大きな、先へ進むための立ち止まりだ。あなたはいかがだろうか。

もし私たちそれぞれが自分の役割を考えるために立ち止まると、次世代へのより豊かな、持続可能な未来がひらけるかもしれない。「誰かがリードしない限り、誰もやらない」とレイ・アンダーソンは言った。未来を作るのは、私たち、つまりいまのリーダーたちの手にかかっている。真正さと、目的意識と、生成力を持って、立ち止まって先へ進むかどうかは、私たち次第だ。

大方《たいほう》は隅《ぐう》なく、大器は晩成す。
大音は声希《まれ》なり、大象《たいしょう》は無形なり。
道は隠れて名なし。
夫《そ》れ唯だ道のみ善く貸《ほどこ》し且《か》つ成す。

——老子

謝辞

本書は、多くの協力を得て作られたものだ。立ち止まって、それぞれに心からの感謝を申し上げたい。

まず、妻であり魂の伴侶であるソラヤには誰よりも深く感謝している。ソラヤとのブレインストーミング、彼女からの手助け、洞察にあふれたフィードバック、示唆的な言葉は私を励まし、元気づけてくれた。本当は、立ち止まりの時間をソラヤのために使うべきだったが、本書の執筆のために使うことを許してくれた。その無私の精神は、かけがえのない贈り物だ。いつも愛情を注いでくれてありがとう。

次に、私と伴走してくれた編集者マージー・アドラーにも感謝する。マージーを抜きにして本書は存在しない。私のクリエイティブ・パートナーであり、辛抱強い協力者だ。エネルギッシュな力で、物事を先へ進めてくれる。マージーのような編集者の素晴らしいサポートを得られる著者は、なんと幸運なことだろう！　マージーのエネルギー、知性、勤勉さがなければ、この本は書き上げられなかっただろう。マージーの優れた才能に感謝する。

そして、私の家族パトリック・キャッシュマン、カレン・キャッシュマン、ジェリー・キャッシュマンの温かいサポートにも感謝する。特に、本書の草稿を読んだ後の誠実な指摘はありがたかった。寛大さと愛に、そして明晰な指摘に心から感謝している。本書の主張をより明確にしてくれたことに礼を言いたい。

それから、キャリアを通して出会ってきた素晴らしいクライアントや同僚たちにも感謝している。彼らからは日々刺激を受け、教えられている。CEOやシニアエグゼクティブたちの成長を目の当たりにすることは、私にとってこのうえない喜びだ。彼らのおかげで私は目的意識に沿って生きることができ、そのことにとても感謝している。

クライアントや専門家へのインタビューは、本書を語るうえでは欠かせないものだ。多くの人物から学んだが、特にダニエル・バセラ、マイケル・パクストン、ルドヴィック・ハントソン、デボラ・ダンサイア、ポール・ラウディシナ、ローラ・カレット、リチャード・ライダー、テリー・ベーコン、マーク・ベルトン、マーク・アディックス、ロヒニシュ・フーダ、ジェフ・ジョージ、ヴァス・ナラシムハン、キャレン・キムジーハウス、パブロ・ガイト、ジャニーヌ・マクグレイド、アンドリュー・ペック、スティーブ・ピエルサンティ、ジェーン・スティーブンソン、ケン・シェルトン、ロン・ジェームズ、トム・モーガン、デイヴ・モエン、デイヴィッド・ローゼンバーガー、そしてチップ・コンリーに感謝する。彼らの洞察や実例に刺激を受け、本書を新たな視点から見直すことができた。

ウォレン・ベニスにも感謝したい。彼は私にとってリーダーシップ育成の生みの親であり、リーダーシップを体現する人物である。本書の執筆中、彼の自伝『驚きはまだ続く』（未邦訳／*Still Surprised*）には大いに励まされた。彼の著作とともに、クレイトン・クリステンセン、ジェフリー・ダイアー、ハル・グレガーセン、トム・ケリー、ピーター・センゲ、ビル・ジョージ、オットー・シャーマー、ダニエル・ゴールマン、ダニエル・カーネマン、ティモシー・ウィルソン、スーザン・ケイン、リチャード・ライダー、ラム・チャラン、テリー・ベーコン、マーガレット・ウィートリー、ボブ・ヨハンセン、ジム・コリンズ、ジェリー・ポラス、トーマス・フリードマン、デイヴィッド・ブルックス、ダニエル・ピンク、そのほか注記に記した多くの著者たちにも感謝の念を伝えたい。

出版社ベレット・コーラーの皆にも感謝する。彼らは本を書く者にとっての最良のパートナーだ。スティーブ・ピエルサンティ、ジーヴァン・シムバスブラマニアン、ニール・マイレ、ジョアンナ・フォンデリング、リチャード・ウィルソン、ディアンヌ・プラトナー、クリステン・フランツ、マイケル・クローリー、デイヴィッド・マーシャル、シンシア・シャノン、そして使命感とともに創造的で粘り強く制作を進めたリンダ・ジュピターらのチームや、デザインチームにも礼を言う。

バーバラ・ケイヴ・ヘンリクス、ラスティ・シェルトン、そしてジェシカ・クラコウスキーらの広報チームにも心から感謝している。彼らのビジョン、経験、エネルギー、そして創造力は、真正さと完璧なプロ意識を伴っていた。

丁寧に読み込んで貴重な意見をくれた同僚のウルフ・ウォルフ、マイク・マクネア、アンドレア・チルコート、ピーター・ブリッジス、コーリー・ザイツ、マーク・モーシアー、ヨハネス・シャブメル、そしてジャクリーン・バード。彼らは価値のある、新鮮な観点をもたらしてくれた。

コーン・フェリー社の同僚たちの中でも、テリー・ベーコンの協力と、彼の優れた研究による最近の著作には大きな示唆を受けた。彼の知性と協力は、特別なものだった。ゲイリー・バーニソン、ボブ・アイヒンガー、アナ・ドゥトラ、メアリー・ベス・バロン、キム・ライル、エブリン・オール、ルイス・ルーゼン、スコット・キングダム、ジョー・グリーゼディック、ジェーン・スティーブンソン、ジャネット・フェルドマン、ディー・ガダート、カリッサ・ランド、スー・パンコーシャー、リー・アルティモビッチ、ケン・デミューズ、ビル・マッカーシー、クリストフ・ラ・ガルド、ナンシー・アトウッド、ジェフ・ローゼンタール、ピーター・ティース、ルネ・ガーペスタッド、ディナ・ラウカー、アンヌ・テシエン、クレイグ・スネルチェス、エリザベス・ガイト、ケイト・スミス、ジョアンヌ・フレスナー、サマ・サンディ、リンジー・デロージャ、ジェニー・フレンチ、ジョン・パイク、ライアン・ヒル、ジョアン・デーヴィス、そのほか全ての同僚たちの長年にわたるサポートと創造的な協力にも感謝する。

二人の心の師にも感謝を捧げたい。数年前にこの世を去ったマハリシ・マヘーシュ・ヨーギー。彼の偉大な知恵は、今もなお息づいている。気功師チュンイー・リンは、いつも私を深い静寂へと導いてくれるが、彼のような存在感と、愛にあふれた深みの境地には、いつか達したいと思っている。彼らは立ち止まりの法則の実践者だ。

最愛の叔父ジーン・キャッシュマンは、本書の執筆期間中に永眠した。豊かで、奉仕の精神にあふれた、九十一年の人生だった。彼の人々への情熱、魅力的な人柄、そして愛に満ちた奉仕の精神は、私のなかに生き続けている。ジーン、あなたの精神を、次へつなげ先へ進むために、私は立ち止まる。

そして最大の感謝を、読者のみなさんに捧げる。深く立ち止まることで、あなたの人生や、あなたが関わる人々に価値ある違いを生むために、本書を活用して頂けると幸いだ。私はこの本を、勇敢な真のリーダーに向けて書いた。立ち止まり、想像し、新しい可能性に挑戦する勇気を持つことで、人生を革新できるリーダーに向けて。私とこの本を、あなたの人生に招き入れてくれたことを光栄に思うとともに、感謝を申し上げる。

・オットー・シャーマーの『U 理論』は、新たな思考や革新的な解決策を育む包括的で実用的なアプローチだ。

・レイ・アンダーソンとインターフェイス社に関しては、レイ・アンダーソン、ロビン・ホワイト『ラディカルな実業家の告白』（未邦訳／Ray Anderson with Robin White, *Confessions of a Radical Industrialist*, New York: St. Martin's Press, 2009）、レイ・アンダーソン『組織的変革を求めて』（Ray Anderson, *A Call for Systemic Change*, Population Press, 2004）、2009 年 2 月ビジネスにおける持続可能性についての TED スピーチ（http://www.ted.com/talks/ray_anderson_on_the_business_logic_of_sustainability）を参照。TED とはテクノロジー、エンターテイメント、デザインの略だ。ここで話されるのは「世界に良い影響を与えること」をテーマとしている。他のスピーチを聞いたり、スピーチをしようと思うなら、TED のサイトへ（http://www.ted.com）。インターフェイス社のサイト（http://interfaceglobal.com/Sustainability/Interface-Story.aspx）や、オンライン記事（http://www.sustainablelivingmagazine.org/business/eco-business/74-ray-anderson-leads-the-way）も参考にした。

・ビラル・カファラニ、ジェーン・スティーブンソン『脱却』（未邦訳／Jane Stevenson and Bilal Kaafarani, *Breaking Away*, New York: McGraw-Hill, 2011, pages 15–26）。

・スティーブ・ピエルサンティと出版社ベレット・コーラーについては、http://www.bkconnection.com を参照した。スティーブのビデオや、記事へのリンク、ニュース・プレスリリース、権利と責任、ピーター・ブロックの『スチュワードシップ』（未邦訳／Peter Block, *Stewardship*, San Francisco: Berrett-Koehler, 1998）の議論ガイドなどが閲覧できる。

・「頭のなかの TED」はクレイトン・クリステンセン、ジェフリー・ダイアー、ハル・グレガーセンらによる『イノベーションの DNA』で言及されている。

・「メディチ効果」という言葉は、フランス・ヨハンソンの著書『メディチ・インパクト』（幾島幸子訳、ランダムハウス講談社、2005 年）から来ている。

・リーダー育成に関する研究は、コーポレート・エグゼクティブ・ボードの「リーダー育成の手引き」を参照（Corporate Executive Board, "A Senior Leader's Guide to Leader-Led Development: Understanding Your Role in the Next Generation of Leaders," Washington, DC: Corporate Executive Board, 2007, page 6）。

・問いかけの効用については、エリック・ヴォクト、アニータ・ブラウン、デイビッド・アイザックス『効果的な問いの技法』（*The Art of Powerful Questions*）や、クレイトン・クリステンセン、ジェフリー・ダイアー、ハル・グレガーセンらによる『イノベーションのDNA』に詳細が載っている。

・「耳を傾けること」に関する研究も目を開かされる。ケリー・E・シー、エリザベス・ウォルフ・モリソン、ナオミ・B・ロスマン、ジャック・B・ソルの「自信、忠告、正確性の負の効果」（Kelly E. See, Elizabeth Wolfe Morrison, Naomi B. Rothman, and Jack B. Soll, "The Detrimental Effects of Power on Confidence, Advice Taking, and Accuracy," Organizational Behavior and Human Decision Processes, 2011, pages 1–12）や、スティーブ・グエンの「上司や権力のある人間は耳を傾けない」（Steve Nguyen, "Bosses and Powerful People Do Not Listen," *Workplace Psychology*, 2011）などで、より詳細に説明されている。http://workplacepsychology.net/2011/10/04/bosses-and-powerful-people-do-not-listen/

・ミシェル・バートン、キャスリーン・サトクリフ「いつ冷静になるべきか」（"Learning to Stop Momentum" ／ MIT スローン・マネジメント・レビュー）。

・ピーター・センゲの「針の穴」の話は、彼のオーディオブック「プレゼンスの力」（The Power of Presence）で聞いた。また、『フィールドブック 学習する組織「5つの能力」』（柴田昌治、スコラ・コンサルト監訳、牧野元三訳、日本経済新聞社、2003年）からも示唆を得た。

・トーマス・フリードマンの論説「求人募集」（Help Wanted）は、ニューヨーク・タイムズに2011年12月18日に発表されたもの（Thomas Friedman, "Help Wanted," *New York Times*, December 18, 2011, pages 1–3）。ドヴ・シードマンの引用もそのなかに記されている。

・ノール・ティシーとウォレン・ベニスの発言は、リーダーシップエクセレンスに掲載された「賢いリーダーは二つの特徴を伸ばす」より（Noel Tichy and Warren Bennis, "Wise Leaders Cultivate Two Traits," *Leadership Excellence*, June 2007, page 3）。

・ダニエル・コイル『才能の秘密』（未邦訳／ Daniel Coyle, *The Talent Code*, New York: Bantam, 2009, pages 32–33, 38–45, 44, and 18）。

・ノバルティスのケース・スタディの詳細については、http://cashmanleadership.com から報告書が閲覧できる。

・生成力および、その他の発達段階については、エリク・H・エリクソン、ジョーン・M・エリクソン『ライフサイクル、その完結［増補版］』（村瀬孝雄、近藤邦夫訳、みすず書房、2001年）に詳しい。

第4章　イノベーションを育む

・バネシュ・ホフマンによるアインシュタインの描写は、彼の著書『アインシュタイン――創造と反骨の人』（鎮目恭夫、林一訳、河出書房新社、1991年）のスペイン語版からの翻訳である。その他、アインシュタインに関する引用はウォルター・アイザックソンの『アインシュタイン』、『アメリカン・スケッチ』（未邦訳／ Walter Isaacson, *American Sketches*, New York: Simon & Schuster, 2009, pages 129, 143–45）より。アルバート・アインシュタインとスティーブ・ジョブズの類似点に関するアイザックソンの指摘は、ジョブズの死後、2011年10月に行われたチャーリー・ローズの生放送インタビューでなされたものだ。

Medica Okayama Vol. 60, no. 1 (2006), pages 51–58. J. Anderson et al., "Blood Pressure Response to Transcendental Meditation: A Meta-analysis," *American Journal of Hypertension Vol.* 21, no. 3 (2008), pages 310–16. V. A. Barnes et al., "Stress, Stress Reduction, and Hypertension in African Americans," *Journal of the National Medical Association* Vol. 89, 1997, pages 464–76)。

・マインドフルネスについては、マサチューセッツ大学の医療・ヘルスケア・社会のためのマインドフルネス・センターで研究が行われている（http://www.umassmed.edu/cfm/）。ビル・モイヤーズのPBSの対談番組「ヒーリング・アンド・ザ・マインド」は書籍にもなっている（Bill Moyers, Healing and the Mind, New York: Doubleday, 1993, pages 122–23）。

・マズローの「至高体験」については『完全なる人間［第2版］』（上田吉一訳、誠信書房、1998年）、チクセントミハイの「フロー」については『フロー体験』（今村浩明訳、世界思想社、1996年）に、より詳しいことが書かれている。

・「プレゼンシング」については、C・オットー・シャーマーの『U理論』、およびピーター・センゲ、C・オットー・シャーマー、ジョセフ・ジャウォースキー、ベティー・スー・フラワーズの『出現する未来』（野中郁次郎監訳、高遠裕子訳、講談社、2006年）をお薦めする。

・カバットジンの「内面風景」という言葉は、『意識が目覚める』（未邦訳／Jon Kabat-Zinn, *Coming to Our Senses*, New York: Hyperion, 2006, page 23）に出てくる。

・「全脳」や「インテリジェントメモリ」などの考え方は、「『アハ!』体験はいかにして起こるか」（William Duggan, "How Aha! Really Happens," *strategy+business*, no. 61, November 23, 2010, pages 1–2）を参考にした。そこでは、ブレンダ・ミルナー、ラリー・スクワイア、エリック・カンデルらのニューロン誌の論文（B. Milner, L. R. Squire, E. R. Kandel, *Neuron*, Vol. 20, no. 3, March 1998, pages 445–68）、バリー・ゴードン、リサ・バーガーの『インテリジェントメモリ』（未邦訳／Barry Gordon and Lisa Berger, *Intelligent Memory*, New York: Viking, 2003）、ティモシー・ウィルソン『自分を知り、自分を変える』（村田光二訳、新曜社、2005年）などが紹介されている。

・意識と無意識の考察については、「チャーリー・ローズの脳シリーズ」、2011年12月5日「意識」の回で言及されたものだ。

・ダニエル・ピンクがベティ・エドワーズについて触れているのは『ハイ・コンセプト』（大前研一訳、三笠書房、2006年）である。

第3章　他者を育む

・ビジネスに対する考え方や、組織の成長における人材理解と人材育成の重要性を知るうえで、ラム・チャランから大きな示唆を受けた。ラム・チャラン、ビル・コナティ『人材管理のすすめ』（児島修訳、辰巳出版、2014年）。

・「第五水準のリーダーシップ」については、ジム・コリンズ『ビジョナリー・カンパニー 2』に詳しく書かれている。

・1997年、ミネアポリス美術館で行われたデイル・チフーリのガラス彫刻展覧会へ行った。彼らのチームプロセスに関するビデオや文章もあり、その豊かな精神は、優れた作品のひとつとして印象に残っている。http://www.chihuly.com

・ダニエル・ゴールマンの言う「三つの能力」は、フォーブス誌がゴールマンへ行ったインタビューを参考にした（http://www.forbes.com/sites/danschawbel/2011/09/15/daniel-goleman-on-leadership-and-the-power-of-emotional-intelligence/）。その他、ゴールマンの『ビジネスEQ』（梅津祐良訳、東洋経済新報社、2000年）、ダニエル・ゴールマン、リチャード・ボヤツィス、アニー・マッキーの『EQリーダーシップ』（土屋京子訳、日本経済新聞出版社、2002年）も参考にした。

・ビル・ジョージの引用は『リーダーへの旅路』（梅津祐良訳、生産性出版、2007年）から。

・デイヴィッド・ブルックスの引用は、『人生の科学』（夏目大訳、早川書房、2012年）から。

・エマソンの「人格」についてのエッセイは、様々な版が出ている。テリー・ベーコンは『力のエレメント』（未邦訳／Terry Bacon, *The Elements of Power*, New York: AMACOM, 2011, pages 3, 127, 115–119）で人格の詳細な研究を行っている。

・『ハムレット』（野島秀勝訳、岩波書店、2002年）の引用は第四幕 第五場。

・CFAに関する説明はピアース・グループのグラント・ピアース氏によるもの。

・「自己の利益のために幾度となく自尊心を捨て続け～」は、ある人物の言葉からの引用だ。使用の許可は得たが、元々の文脈から抽出された文章のため、当人が名前を出すことを望まなかった。

・スティーブ・ジョブズを知る人物たちのインタビューの数々、とくにウォルター・アイザックソンによるインタビューからは大きな示唆を得た。詳しく知りたい方は、彼の『スティーブ・ジョブズ』（井口耕二訳、講談社、2011年）を参照のこと。

・ハワード・シュルツの目的意識に対する発言は、ガーゲン・マクドナルド社によるオンライン・インタビュー「目的意識とやりがいをつなぐ（Connecting with Purpose and Meaning）」を参照。http://www.letgoandlead.com/howard-schultz/

・散歩や仮眠の効用については、ニューズウィーク2012年1月9日号の記事「今すぐできる31の脳トレ術」を参考にした（"31 Ways to Get Smarter Faster," *Newsweek*, January 9, 2012, page 29）。クレイトン・クリステンセン、ジェフリー・ダイアー、ハル・グレガーセンらによる『イノベーションのDNA』のなかでも、睡眠とイノベーションの相関関係が説かれている。

・ウォルター・アイザックソンによる伝記『アインシュタイン』（二間瀬敏史監訳、関宗蔵、松田卓也、松浦俊輔訳、武田ランダムハウスジャパン、2011年）。

・スティーブ・ジョブズがカリグラフィーの知識を、フォントの作成に活かしたという話はよく知られている。彼自身、そのことをスタンフォード大学の卒業生へ向けたスピーチでも語っている。スピーチの全文は、以下のリンクから読める。http://news.stanford.edu/news/2005/june15/jobs-061505.html

・瞑想が脳の働きや知性を向上させるだけでなく、身体機能も向上させるという話については、M・C・ディルベックらの研究の数々、そしてS・ヤマモトや、J・アンダーソン、並びにV・A・バーンズらの研究を参考にした（M. C. Dillbeck et al., "Frontal EEG Coherence, H-Reflex Recovery, Concept Learning, and the TM-Sidhi Program," *International Journal of Neuroscience* Vol. 15, 1981, pages 151–57; M. C. Dillbeck, "Meditation and Flexibility of Visual Perception and Verbal Problem-Solving," *Memory & Cognition* 10, 1982, pages 207–15. M. C. Dillbeck et al., Longitudinal Effects of the Transcendental Meditation and TM-Sidhi Program on Cognitive Ability and Cognitive Stle," *Perceptual and Motor Skills* 62, 1986, pages 731–38. S. Yamamoto et al., "Medial Prefrontal Cortex and Anterior Cingulated Cortex in the Generation of Alpha Activity Induced by Transcendental Meditation: A Magnetoencephalographic Study," *Acta*

- サンパウロの屋外広告禁止について知るきっかけとなったのは、2011 年のドキュメンタリー／コメディ映画『最も売れた映画（The Greatest Movie Ever Sold）』。製作者はモーガン・スパーロックとジェレミー・チルニック。そこから関心を持ち、「サンパウロの屋外広告禁止に怒る広告業界（Billboard ban in São Paulo angers advertisers）」http://www.nytimes.com/2006/12/12/world/americas/12iht-brazil.html、「サンパウロ：広告に『ノー』と言った都市（São Paulo: The City That Said No To Advertising）」http://www.businessweek.com/stories/2007-06-18/s-o-paulo-the-city-that-said-no-to-advertisingbusinessweek-business-news-stock-market-and-financial-advice、などいくつかのオンライン記事を参考にした。

- オーグスバーグ大学のトーマス・モーガン博士は、インタビュー中にエリック・ヴォクト、アニータ・ブラウン、デイビッド・アイザックスの著書『効果的な問いの技法』（未邦訳／ Eric E. Vogt, Juanita Brown, and David Isaacs, *The Art of Powerful Questions*, Mill Valley, CA: Whole Systems Associates, 2003）を紹介してくれた。私たちの言う「問いかけること」の重要性は、クレイトン・クリステンセン、ジェフリー・ダイアー、ハル・グレガーセンらによる『イノベーションの DNA』（櫻井祐子訳、翔泳社、2012 年）のなかでも説かれている。

- この本の執筆が終わりに差し掛かったころ、私は幸運にも、ポール・ラウディシナの新刊『世界的逆境に打ち勝つ』（未邦訳／ Paul Laudicina, *Beating the Global Odds*, New York: Wiley, 2012）の一部を発売前に読み、彼とその内容を話し合う機会を持った。

- 曖昧さや複雑な課題に対処することがリーダーに求められていることについての研究は、ロミンガー・インターナショナルのボブ・アイヒンガーとマイケル・ロンバルドによる『リーダーシップ工学』（未邦訳／ M. M. Lombardo and R. W. Eichinger, *The Leadership Machine*, (Minneapolis: Lominger International, 2001）に詳しく書かれている。センター・フォー・クリエイティブ・リーダーシップの研究は、2008 年 2 月のカンファレンスで発表された。

- 同僚テリー・ベーコンは、リーダーの原動力や影響力についての研究を続けている。本書では、「やる気」や「信頼性」について紹介した。影響力については、彼の著書『影響力のエレメント』（未邦訳／ Terry Bacon, *The Elements of Influence*, New York: AMACOM, 2011）に詳しい。

- ウォレン・ベニス氏にも会い、意見交換をすることができた。彼の『リーダーになる［増補改訂版］』（伊東奈美子訳、海と月社、2008 年）やその他の著作からは、大きな影響を受けている。

第 2 章 自己を育む

- 自己認識を持つことと、リーダーシップを発揮することの関係については、「ビジネスリーダーシップでは『いい人』が一番」という研究発表を参照した（J. P. Flaum, "When It Comes to Business Leadership, Nice Guys Finish First," Green Peak Partners, pages 4 and 6）。コーネル大学との研究が基になっている。

- 経営における自己認識の必要性については、アラン・チャーチと W・ウォーナー・バーク・アソシエイツが 1997 年に発表した「組織内で高いパフォーマンスを示す個人における経営的自己認識」を参照（Allan H. Church and W. Warner Burke Associates, "Managerial Self-Awareness in High-Performing Individuals in Organizations," *Journal of Applied Psychology*, Vol. 82, no. 2, 1997, pages 281–92）。

- 他、自己認識についてはダニエル・ゴールマン『EQ こころの知能指数』（土屋京子訳、講談社、1996 年）、ジム・コリンズ『ビジョナリー・カンパニー 2』（山岡洋一訳、日経 BP 社、2001 年）、ジョン・H・ゼンガー、ジョセフ・フォークマン『並外れたリーダー』（未邦訳／ John H. Zenger and Joseph Folkman, *The Extraordinary Leader*, New York: McGraw-Hill, 2002）などに詳しい。

注記

この本は、30年以上にわたりリーダーたちと仕事をしてきた経験と、そこから学んだこと、そして執筆に向けて彼らに行ったインタビューが基になっている。インタビューは、名前や所属先を伏せている場合もあるが、その他の人については、本文内に明記してある。

本書の冒頭では荘子の格言に手を加えたものだが、本来の意味を変える意図はない。もともとの格言は「力を用うること少なくして、功を見ること多き者こそ、聖人の道なり」である。

第1章 立ち止まるということ

- 「VUCAな世界」という言葉は陸軍大学校や、ボブ・ヨハンセンの著書『早くそこに到達せよ』（未邦訳／ Bob Johansen, *Get There Early*, San Francisco: Berrett-Koehler, 2007, pages 45–46）などで紹介されている。
- ダニエル・カーネマンの二つの思考システムに関しては、タイム誌の2011年12月15日の記事（http://content.time.com/time/magazine/article/0,9171,2099712,00.html）を参考にした。『ファスト&スロー』（村井章子訳、早川書房、2012年）では、より詳細に説明されている。
- 創造力や「アハ!」体験に関する科学者たちの意見については、2011年12月5日に放送されたテレビ番組「チャーリー・ローズの脳シリーズ2」の「意識（Consciousness）」の回で言及されている。
- ジョナ・レーラーの発言は、バーンズ・アンド・ノーブルのサイトに掲載されたインタビューから引用した。http://bnreview.barnesandnoble.com/t5/Interviews/quot-The-residue-of-time-wasted-quot-Jonah-Lehrer-Talks/ba-p/7283
- ベレット・コーラー社の編集ディレクター、ニール・マイレ氏が、バートンとサトクリフの興味深い研究を紹介してくれた（Michelle A. Barton and Kathleen M. Sutcliffe, "Learning to Stop Momentum," *MIT Sloan Management Review*, Vol. 51, no. 3, Spring 2010, pages 69–76）。
- 「目的のための時間」は、リチャード・ライダーの『目的が持つ力』（未邦訳／ Richard Leider, *The Power of Purpose*, San Francisco: Berrett-Koehler, 2010, page 3）より。インタビュー時に、大きな立ち止まりとしての年に一度のアフリカ旅行の話をしてくれた。
- デイビッド・アレンの、職場環境にもっと余裕を、という記事はニューヨーク・タイムズに2012年3月18日に掲載されている。http://www.nytimes.com/2012/03/18/business/when-office-technology-overwhelms-get-organized.html?adxnnl=1&pagewanted=all&adxnnlx=1404284481-UEs0NiuoHvKo71HxWwTsUg
- 「プレゼンシング」および「U理論」は、C・オットー・シャーマーの『U理論』（中土井僚、由佐美加子訳、英治出版、2010年）より引用した。
- 対人能力や、その他の能力および戦略性を身につけなければエグゼクティブのキャリアは失われてしまうことに関しては、「ハーバード・ビジネス・レビュー」に掲載された「リーダーシップの進化プロセス」というケネス・R・ブルーソー、マイケル・J・ドライバー、ゲリー・フーリハン、リカルド・ラーソンらによる記事を参照した（Kenneth R. Brousseau, Michael J. Driver, Gary Hourihan, and Rikard Larsson, "The Seasoned Executive's Decision-Making Style," *Harvard Business Review*, February 2006）。
- その他すべての実践的立ち止まりは、インタビューによって集められた情報である。

［著者］

ケヴィン・キャッシュマン

Kevin Cashman

コーン・フェリー・インターナショナルのシニア・パートナー。これまで60か国以上のCEOおよびエグゼクティブに対してコーチングを行った実績を持つ。自身が開発した人材育成プログラム「チーフ・エグゼクティブ・インスティテュート®」は『ファスト・カンパニー』誌に「リーダーシップ開発の最高のクリニック」と評された。また『リーダーシップ・エクセレンス』誌による「思想リーダー10人」にも選出されている。著書に『内から外へのリーダーシップ』（未邦訳／*Leadership from the Inside Out*）。

［訳者］

樋口 武志

Takeshi Higuchi

1985年福岡生まれ。早稲田大学国際教養学部卒。2011年まで株式会社東北新社に勤務。現在、早稲田大学大学院在学中。共訳書に『イルカをボコる5つの理由』（インプレスジャパン）、字幕翻訳に『ディクテーター』、『パラノーマル・アクティビティ／呪いの印』など。

● 英治出版からのお知らせ

本書に関するご意見・ご感想を E-mail（editor@eijipress.co.jp）で受け付けています。また、英治出版ではメールマガジン、ブログ、ツイッター、フェイスブックなどで新刊情報やイベント情報を配信しております。ぜひ一度、アクセスしてみてください。

メールマガジン ：会員登録はホームページにて
ブログ ：www.eijipress.co.jp/blog
ツイッターID ：@eijipress
フェイスブック ：www.facebook.com/eijipress

優れたリーダーは、なぜ「立ち止まる」のか
自分と周囲の潜在能力を引き出す法則

発行日 2014年8月31日 第1版 第1刷

著者 ケヴィン・キャッシュマン
訳者 樋口武志（ひぐち・たけし）
発行人 原田英治
発行 英治出版株式会社
〒150-0022 東京都渋谷区恵比寿南1-9-12 ピトレスクビル4F
電話 03-5773-0193 FAX 03-5773-0194
http://www.eijipress.co.jp/
プロデューサー 下田理
スタッフ 原田涼子 高野達成 岩田大志 藤竹賢一郎 山下智也
鈴木美穂 田中三枝 山本有子 茂木香琳 木勢翔太
上村悠也 平井萌 土屋文香 足立敬
印刷・製本 シナノ書籍印刷株式会社
装丁 重原隆

Copyright © 2014 Takeshi Higuchi
ISBN978-4-86276-181-1 C0034 Printed in Japan
本書の無断複写（コピー）は、著作権法上の例外を除き、著作権侵害となります。
乱丁・落丁本は着払いにてお送りください。お取り替えいたします。